BuddhAll

BuddhAll.

All is Buddha.

BuddhAll

佛教的手印

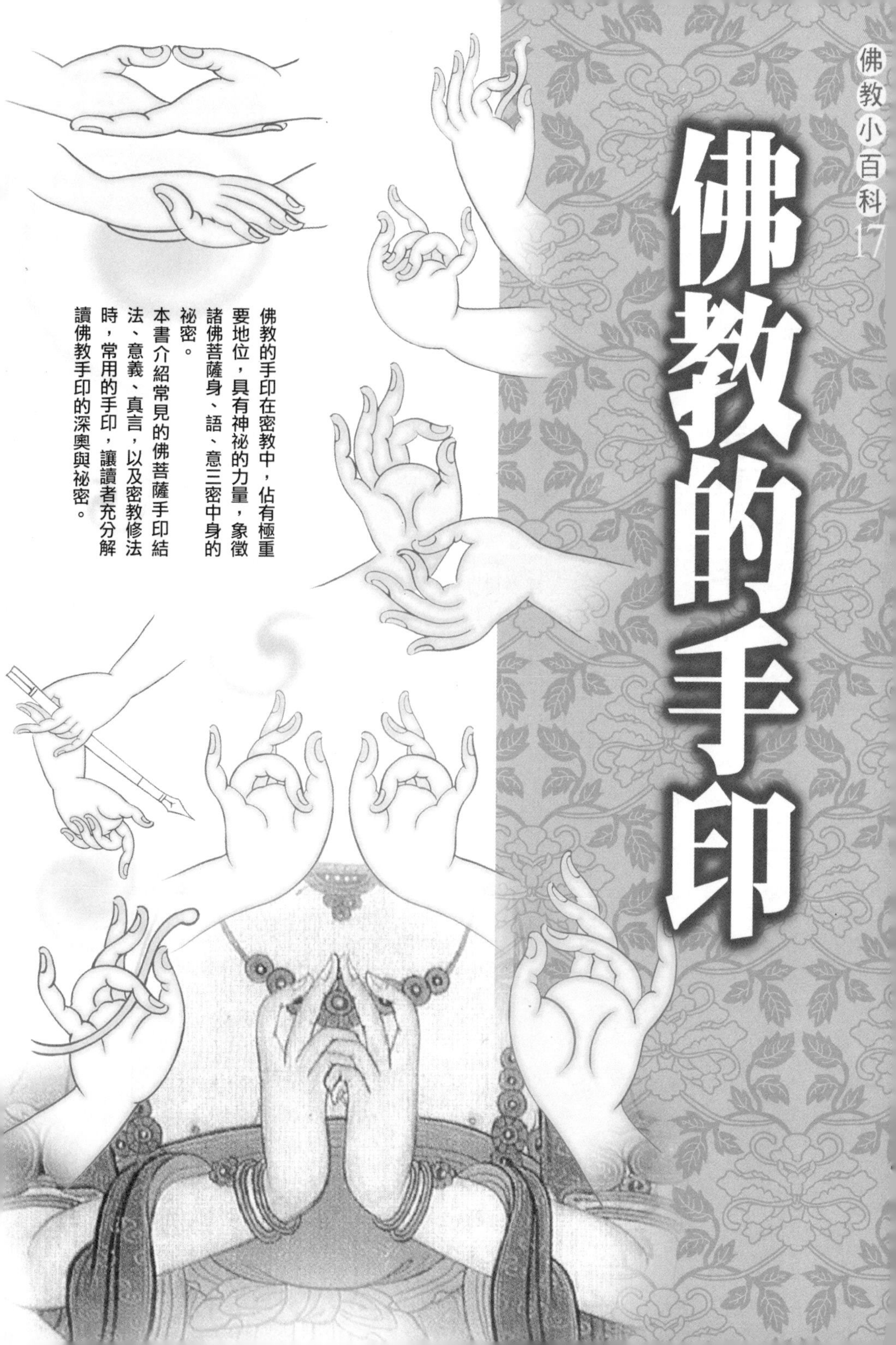

佛教的手印在密教中，佔有極重要地位，具有神祕的力量，象徵諸佛菩薩身、語、意三密中身的祕密。

本書介紹常見的佛菩薩手印結法、意義、真言，以及密教修法時，常用的手印，讓讀者充分解讀佛教手印的深奧與祕密。

目錄

出版緣起

佛法的深妙智慧，是人類生命中最閃亮的明燈，不只在我們困頓、苦難時，能撫慰我們的傷痛；更在我們幽暗、徘徊不決時，導引我們走向幸福、光明與喜樂。

佛法不只帶給我們心靈中最深層的安定穩實，更增長我們無盡的智慧，來覺悟生命的實相，達到究竟圓滿的正覺解脫。而在緊張忙碌、壓力漸大的現代世界中，讓我們的心靈，更加地寬柔、敦厚而有力，讓我們具有著無比溫柔的悲憫。

在進入二十一世紀的前夕，我們需要讓身心具有更雄渾廣大的力量，來接受未來的衝擊，並體受更多彩的人生。而面對如此快速遷化而多元無常的世間，我們也必須擁有十倍速乃至百倍速的決斷力及智慧，才能洞察實相。

同時在人際關係與界面的虛擬化與電子化過程當中，我們也必須擁有更廣大的心靈空間，來使我們的生命不被物質化、虛擬化、電子化。因此，在大步邁向新世紀之時，如何讓自己的心靈具有強大的覺性、自在寬坦，並擁有更深廣的慈悲能力，將是人類重要的課題。

生命是如此珍貴而難得，由於我們的存在，所以能夠具足喜樂、幸福，因自覺解脫而能離苦得樂，更能如同佛陀一般，擁有無上的智慧與慈悲。這種菩提種子的苗芽，是生命走向圓滿的原力，在邁入二十一世紀時，我們必須更加的充實。

因此，如何增長大眾無上菩提的原力，是〈全佛〉出版佛書的根本思惟。所以，我們一直擘畫最切合大眾及時代因緣的出版品，期盼讓所有人得到真正的菩提利益，以完成〈全佛〉（一切眾生圓滿成佛）的究竟心願。

《佛教小百科》就是在這樣的心願中，所規劃提出的一套叢書，我們希望透過這一套書，能讓大眾正確的理解佛法、歡喜佛法、修行佛法、圓滿佛法，讓所有的人透過正確的觀察體悟，使生命更加的光明幸福，並圓滿無上的菩提。

因此，《佛教小百科》是想要完成介紹佛法全貌的拚圖，透過系統性的分門別類，把一般人最有興趣、最重要的佛法課題，完整的編纂出來。我們希望讓《佛教小百科》成爲人手一冊的隨身參考書，正確而完整的描繪出佛法智慧的全相，並提煉出無上菩提的願景。

佛法的名相眾多，而意義又深微奧密。因此，佛法雖然擁有無盡的智慧寶藏，對人生深具啟發與妙用，但許多人往往困於佛教的名相與博大的系統，而難以受用其中的珍寶。

其實，所有對佛教有興趣的人，都時常碰到上述的這些問題，而我們在學佛的過程中，也不例外。因此，我們希望《佛教小百科》，不僅能幫助大眾了解佛法的名詞及要義，並且能夠隨讀隨用。

《佛教小百科》這一系列的書籍，期望能讓大眾輕鬆自在並有系統的掌握佛教的知識及要義。透過《佛教小百科》，我們如同掌握到進入佛法門徑鑰匙，得以一窺佛法廣大的深奧。

《佛教小百科》系列將導引大家，去了解佛菩薩的世界，探索佛菩薩的外相、內義，佛教曼荼羅的奧祕，佛菩薩的真言、手印、持物，佛教的法具、宇宙觀……等等，這一切與佛教相關的命題，都是我們依次編纂的主題。透過每一個主題，我們將宛如打開一個個窗口一般，可以探索佛教的真相及妙義。

而這些重要、有趣的主題，將依次清楚、正確的編纂而出，讓大家能輕鬆的了解其意義。

在佛菩薩的智慧導引下，全佛編輯部將全心全力的編纂這一套《佛教小百科》系列叢書，讓這套叢書能成爲大家身邊最有效的佛教實用參考手册，幫助大家深入佛法的深層智慧，歡喜活用生命的寶藏。

佛教的手印——序

佛菩薩的造像中，除了莊嚴的身相之外，最吸引人注目的，無疑是變化多姿的手勢了。厚實溫柔的佛手，展現出各種優美而莊嚴的手印，令人目不暫捨，心生歡喜。

如果我們仔細的觀察，可以發現佛菩薩的手勢並非隨便比出來的，這些手勢的外相與佛菩薩內在的心念，有著深層的聯結，因此造成了佛像整體的姿勢，有著順勢自如的美感，展現著不動而動的力量。

而伴隨著不同的佛像與意含，也展現出不同的手勢。由此角度而言，佛像的各種手勢，也等同佛菩薩的另一種表情與語言，將他們的心意傳達給仰信的人。

佛菩薩所展現的手勢，包括雙手的位置與手指的結合方式，稱爲「手印」或「印契」。

手印（梵名mudrā，藏名phyag-rgya），又稱爲印契，現在常指密教在修法時，雙手與手指所結的各種姿勢。梵名音譯爲母陀羅，或稱爲印相、契印、密印或單稱爲「印」。在密教中，手印是指在曼荼羅海會中的諸尊，爲了標示自身所內證的三昧，或在因地中修行的人，爲了同入於佛菩薩諸尊的本誓，而與諸尊的身、口、意三密相應深入，因此在雙手手指上所結的密印。手印在三密中屬於身密。

隨著手印的發展，在密教的經續中，佛菩薩等本尊在不同的曼荼羅集會、不同的因緣教法中，結出各種印契以教化眾生，而綜括手印原理的印母也開始出現。在《大日經疏》卷十三中，曾給予這些印母總括性與組織性的說明，這包括了十二合掌與四種拳。在本書中會加以說明。

在密教修法中，以本尊的身、語、意三密爲修持重心。凡夫未曾斷除煩惱，所以身、語、意爲三業所成。但是成就的本尊所具有的則爲身、語、意三密。凡夫雖然未斷煩惱，但是如果能持本尊的手印（密印）、誦念本尊的咒語、觀想本尊，則能受到本尊的三密加持，而與本尊相應，證得本尊瑜伽，而圓滿成就。因此可知代表身密的手印，在密教中的重要地位。

由於具有與本尊相應的威力，因此印契自古以來即被視爲具有神祕力量的來源，透過十指精巧的結合，能成就世間的各種願望與出世間的各種修證境界。但是本尊手印的結契最主要的是與本尊的心意相合，方能圓滿成就。而佛菩薩等本尊的心意，最重要的是要具有大慈悲心，及了悟一切現空的智慧。因此，手結契印要以大慈悲爲心要，體悟性空如幻、無所執著的實相，如此一來，才能徹底通達究竟的印契法門。

在本書中，將諸尊的重要的手印及基本修法的手印，系統的加以介紹，並清楚的說明了結印方法與相應配合的真言、密咒，當能幫助大家與諸佛菩薩等本尊相應，迅速成就世間與出世間的功德。

祈願所有的人，都能幸福圓滿，並迅疾的成就本尊悉地，圓滿成佛。

第1篇

總論

第一章 手印的意義

手印（梵文mudrā，藏名phyag-rgya），又稱爲印契，現常指密教在修法時，行者雙手與手指所結的各種姿勢。音譯作母陀羅、慕捺羅、母捺羅，或稱印相、契印、密印，或單稱爲「印」。

佛菩薩及本尊的手印，象徵其特殊的願力與因緣，因此我們與其結相同的手印時，會產生特殊的身體的力量和意念的力量，這和佛菩薩及本尊修證的本位力量的身心狀況是相應的。

在密教中，手印是指曼荼羅海會諸尊爲標示其內證之三昧境界，或修行者爲了表達同於諸尊本誓，而於其手指上所結的密印。屬於本尊身、語、意三密中之身密。

三密（梵文 trini gāhyāni），是指祕密的三業，即是身密（梵 kāyaguhya），口密（梵 vāg-guhya）或稱作語密，意密（梵 mano-guhya）或稱作心密，主要來自密教所說。

由於佛陀的三密作用極爲微細甚深，非思惟所及，連十地菩薩也不能完全了知，故稱三密，與眾生之三業相應，能生起不可思議之大用。

眾生之三業，雖然是染雜的，但卻能契合佛之三密，且含攝於其中，而眾生自心體性同於佛之三密，即眾生三業實相皆是法性之作用，與佛之三密平等無二，所以也稱爲三密。

眾生之三密中，行者手作本尊之印契，乃至行、住、坐、臥等一切事業，皆稱之身密；口誦真言，乃至一切言語等口業，皆稱語密；心中觀本尊，乃至隨一切因緣起念，各種事業，皆稱爲意密。

廣泛的身密不是只有手印而已，任何的體姿都是屬於身密的範圍。人類的手很靈巧能夠做出各種姿式，但都是建立在染污的無明上，所造作的動力都是來自貪、瞋、痴、慢、疑。例如，因爲憤怒而舉起拳頭打人，甚至發展成一套拳法，或拿起武器攻擊別人等等，無不是受無明的驅動，所造作出來的染業。從廣義來講，人類整個身體動作都是身業的範圍，是從染污中而起的，和佛菩薩清淨的身密不同。

三密可分爲有相、無相二種：有相三密是佛與眾生互融，入於瑜伽境界，行者身結印即身密，口誦真言即語密、意觀本尊即意密，稱爲有相三密。無相三密是指行者所有身、語之行爲、自心所思惟者皆爲三密，稱爲無相三密。

《大日經》卷六〈本尊三昧品〉印契可分成有形、無形二種，《大日經疏》卷二十解釋：「印形亦有二種，謂有形、無形也。形即是青、黃、赤、白等色，方、圓、三角等形，屈、伸、坐、立及所住處之類也，印謂所執印即刀、輪、羂索、金剛杵之類也。初心別緣而觀，謂先觀畫尊等。約此而觀名爲有形。後漸淳純，又以加持力故自然而現，與心相應。爾時此本尊但從心現，不別外緣，故云無形也。」

而有相三密，是佛菩薩本尊之三密，加持於行者之三業上，故稱爲三密加持；無相三密，是佛之三密與行者之三密相應融合，故稱爲三密相應。

密宗依此三密加持、三密相應的廣大作用，讓我們能轉凡夫身而成就佛身，也就是透過身、語、意三密的修持，讓我們即身成佛，因此之故，我們當再探討身、語、意三密的深層意義及其行相，以作爲三密修習的前行。

我們平時看到佛菩薩本尊等的圖像、塑像，多是以他們身上的持物或手印來判定其尊名。

其實，不論是阿彌陀佛、釋迦牟尼佛、不動佛或藥師佛，在他們住世的過程中所結的手印也有彼此相同的。所以，用手印及持物來判斷尊名，也不是絕對的分辨方法。但我們若單一的來看各個佛像，從手印還是可以了知其特別的願力、因緣及特別的悟境，乃至其成道、說法時的特別狀況。

例如阿彌陀佛的說法印和接引印是一般人較爲熟悉，但其實這手印也在釋迦牟尼佛身上出現過，只是現在我們把手印特殊化了。因阿彌陀佛的說法印和接引印特別常用，所以就以此手印分別。再加上九品九生印，這是阿彌陀佛接引九品九生的人時，所示現的特有境界，是依照要往生的人的境界所現，給他們導引。

而九個手印並不是一定如此，只是在密教中被特殊化了。阿彌陀佛也可能相應於因緣而在接引上品上生的眾生時，示現法界定印，安住在圓滿法性。

了解了這個因緣，我們就能更正確的認識手印。

在古代行者修法結手印時，有以下的注意事項。在《大日經疏》卷十三引述善無畏三藏之說法：「西方尤祕印法，作時又極恭敬。要在尊室之中及空靜清潔之處，當澡浴嚴身，若不能一一浴者，必須洗淨手，漱口，以塗香塗手等方得作也。又作時須正威儀，跏趺等坐。不爾得罪，令法不得速成。」大意是說結手印時，在環境上要選擇清潔的靜室，沐浴淨身，端正儀容，結跏趺，方可結印。若無法沐浴，也要先淨手、漱口，以香塗手，以此表示恭敬慎重之意。此外，《青龍寺儀軌》中亦說，結印之際祈念諸佛加被，則可得悉地。

此外，經中也說，結契印時，不應於顯露處，如《陀羅尼集經》卷一中說：「露處作印咒法者，爲惡鬼神之所得便。」又說，於本尊像前作印，應以袈裟或淨巾覆蓋。所以日本東密通常在袈裟下或法衣袖中結印，但是台密則無如此。

第二章 十指的別稱

密教中對結印之兩手及十指有特殊的稱呼，一般稱兩手爲二羽、日月掌、二掌；稱十指爲十度（十波羅蜜）、十輪、十蓮、十法界、十真如、十峯。並將兩手配於金剛界與胎藏界，或配於定與慧，理與智等，如左表所列：

右手	左手
日	月
觀	止
慧	定
智	福
智	理
實	權
獻	從
外	內
般若	三昧
悲念	慈念
金剛界	胎藏界

而將五指配於五蘊、五佛頂、五根、五字、五大等；十指配於十度，如左表所列：

手 左						手 右				
大指	頭指	中指	無名指	小指		小指	無名指	中指	頭指	大指
識	行	想	受	色	五蘊	色	受	想	行	識
輪	蓋	光	高	勝	五佛頂	勝	高	光	蓋	輪
慧	定	念	進	信	五根	信	進	念	定	慧
禪	進	忍	戒	檀	十度	慧	方	願	力	智
智	力	願	方	慧	十度	檀	戒	忍	進	禪
欠（khaṁ）	吽（hūṁ）	羅（ra）	尾（vi）	阿（a）	五字	阿（a）	尾（vi）	羅（ra）	吽（hūṁ）	欠（khaṁ）
佉（hka）	訶（ha）	羅（ra）	嚩（va）	阿（a）	五大	阿（a）	嚩（va）	羅（ra）	訶（ha）	佉（hka）
空	風	火	水	地	五大	地	水	火	風	空

其中，以五字來代表手指的經軌有：《攝大軌》、《蓮華部心軌》。

以五大來代表手指的經軌有：《胎藏梵字次第》、《胎藏備在次第》、《大日經》、《大日經疏》、《胎藏四部軌》、《蘇悉地經》、善無畏譯《尊勝軌》、《吽迦陀野軌》。

以五根來代表者則出於《阿閦軌》，以五蘊表之者，則出於金剛智所譯之《毗沙門天王軌》。以五佛頂表之者，則出於不空譯《一字頂輪王軌》、《奇特佛頂軌》、《藥師消災軌》。

第三章 密教的基本手印

密教之手印極多，通常以十二合掌及四種拳爲基本印，其十二合掌、四種拳如下。

十二合掌：

第一堅實合掌，梵文寧尾拏（nivida）：合掌，掌中堅相著，十指微離。

第二虛心合掌，梵文三補吒（sampuṭa）：十指齊等，頭相合，掌心微開。

第三未敷蓮合掌，梵文屈滿羅（kuḍmala）：如前，空掌內，使稍穹。

第四初割蓮合掌，梵文僕拏（bhagna）：二地二空並相著，餘六指散開，即八葉印也。

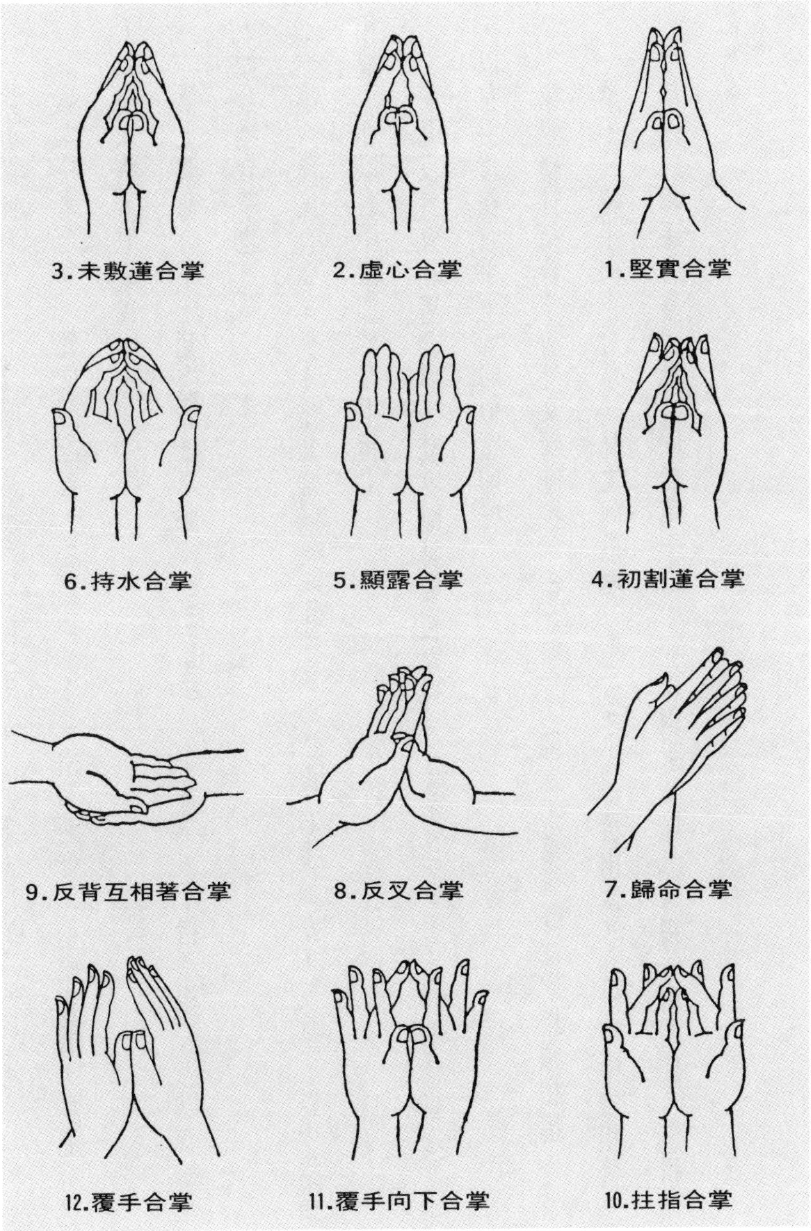
1.堅實合掌
2.虛心合掌
3.未敷蓮合掌
4.初割蓮合掌
5.顯露合掌
6.持水合掌
7.歸命合掌
8.反叉合掌
9.反背互相著合掌
10.拄指合掌
11.覆手向下合掌
12.覆手合掌

第五顯露合掌，梵文嗢多那惹（uttānaja）：仰兩掌相並，而向上。

第六持水合掌，梵文阿陀羅（ādhāra）：並兩掌而仰，指頭相著，稍屈合之，如掬水狀，似飲食印也。

第七歸命合掌，梵文鉢羅拏摩（praṇāma）：合掌，十指頭相叉，以右加左，如金剛合掌也。

第八反叉合掌，梵文微鉢哩哆（viparīta）：以右手加左，反掌，以十指頭相絞，亦以右手指加於左手指上。

第九反背互相著合掌，梵文毗鉢囉曳薩哆（vīparyasta）：以右手仰左手上，以左手覆在右手下，略似定印。

第十橫拄指合掌，梵文啼哩曳（tiryak）：仰二手掌，令二中指頭相接。

第十一覆手向下合掌，梵文阿馱囉（adhara）：覆兩掌，亦以二中指相接。

第十二覆手合掌，梵文同於第十一：並覆兩手，以二大指並而相接，十指頭向外。

四種拳：

所謂四種拳是指蓮華拳、金剛拳、外縛拳、內縛拳。

1. 蓮華拳

蓮華拳又稱爲胎拳。常被用爲胎藏部的印母。其印相是握頭指以下之四指，以大指壓頭指中節側方。如《大日經疏》卷十三所說：「如常作拳法，大指豎之。」關於此蓮華拳的代表意義，多指未敷之蓮華。

2. 金剛拳

金剛拳，主要是被用於金剛頂部。《金剛頂經》中所說羯磨印，都是以此金剛拳爲其基本。《大日經疏》說其印相爲：「以空指在於掌中而拳之」，《金輪時處軌》說爲：「以中指、無名指、小指握大指，以頭指拄大指之背。」雖然因流派之不同，金剛拳的結法因而有異，但大多以《金輪時處軌》所說爲準。

《金剛頂經》說此金剛拳是「一切如來身語心金剛縛智印。」不空的《般若理趣釋》則說：「身、口、意金剛合成名爲拳。」兩者都認爲此金剛拳是表示一切如來身、語、意之三密活動的總持。

2.金剛拳

1.蓮華拳（胎拳）

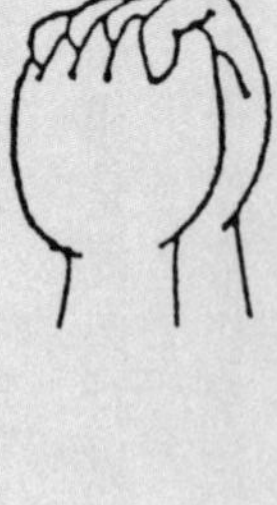
4.內縛拳

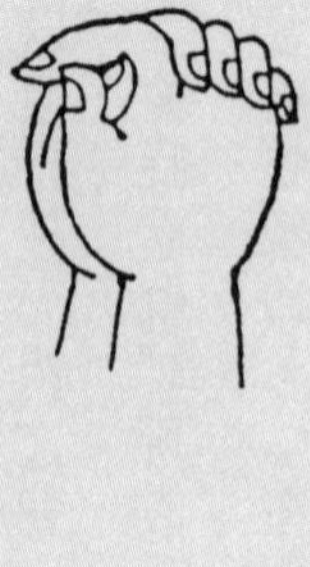
3.外縛拳

3.外縛拳

在《大日經疏》卷十三中，稱此爲「指在外拳」，但一般只稱爲外縛。其印相是合叉二手成拳，十指外現。《金剛頂經》稱它爲金剛縛，並說此金剛縛是「二手如月形」，這是以外縛的掌中圓形表月輪。《金剛頂經》中的三昧耶印等，都是以此外縛拳爲其印母。依《金剛頂經略出念誦經》所記載，爲觀脫出纏縛之月輪而修菩提心觀時，須結此外縛印。

4.內縛拳

《大日經疏》稱之爲第二拳。其印相是十指交叉，十指均屈向掌中。

上述的蓮華拳、金剛拳、外縛拳、內縛拳等四類，若再加上忿怒拳、如來拳則成六拳。所謂的忿怒拳，是以無名指、中指握大拇指，豎頭指與小指並稍屈如牙。所謂如來拳，是左手作蓮華拳，右手作金剛拳，並以右手金剛拳握左手的大拇指。

第四章 常見的手印

在佛教的造像開始之後，常用印相來表示教義上的意義。隨著時代的變遷，教義的解釋愈趨複雜，佛像的造像也不斷變化，而產生了不同的印相。一般常見的則有：

施無畏印：即右手曲肘朝前，舒五指，手掌向前，即布施無怖畏給與眾生的意思，這是佛陀爲了救濟眾生，使他們能夠安心，所施予的印相。這種印相與說法時的印相相通用，如在經論中所說的舉手說法，即是此印相。

與願印：即伸手掌向外，指端下垂的手相。這是佛菩薩爲應眾生的祈求，所作的印相，表示以普救眾生的慈悲心施與的意思。

禪定印：這是佛陀入於禪定時所結的手印，在膝上仰左手，並仰右手於其上，兩拇指的指頭相接，又稱爲法界定印。

觸地印：即伸右手覆於右膝，指頭觸地，又稱爲降魔印，這是佛陀成道時所結的印相。

轉法輪印：兩手置於胸前，右掌與左掌相反，左右諸指輕觸之相。

彌陀定印：這是阿彌陀如來的印相，即二手相叉，右手置於左手下，兩手屈食指，拇指按在食指上。

以上這些手印，是在密教發展成爲大流時，已在佛教造像中常可見到的手印。這些常見的手印，一般是佛在不同的情況下，佛像所顯的自然姿勢。但是在密教的興起下，手印的發展愈來愈複雜，並與佛菩薩等內證的境界相應，顯現爲諸尊的標幟，成爲身、語、意三密中的身密。

手印的顯現和諸佛的願力、時空因緣以及眾生根器有關。所以釋迦牟尼佛在誕生時，所結的手印是一手指天、一手指地，而在菩提迦耶成道時，手印是降魔印、觸地印。而在修苦行時也可說是身印，整個人非常削瘦，手結定印。

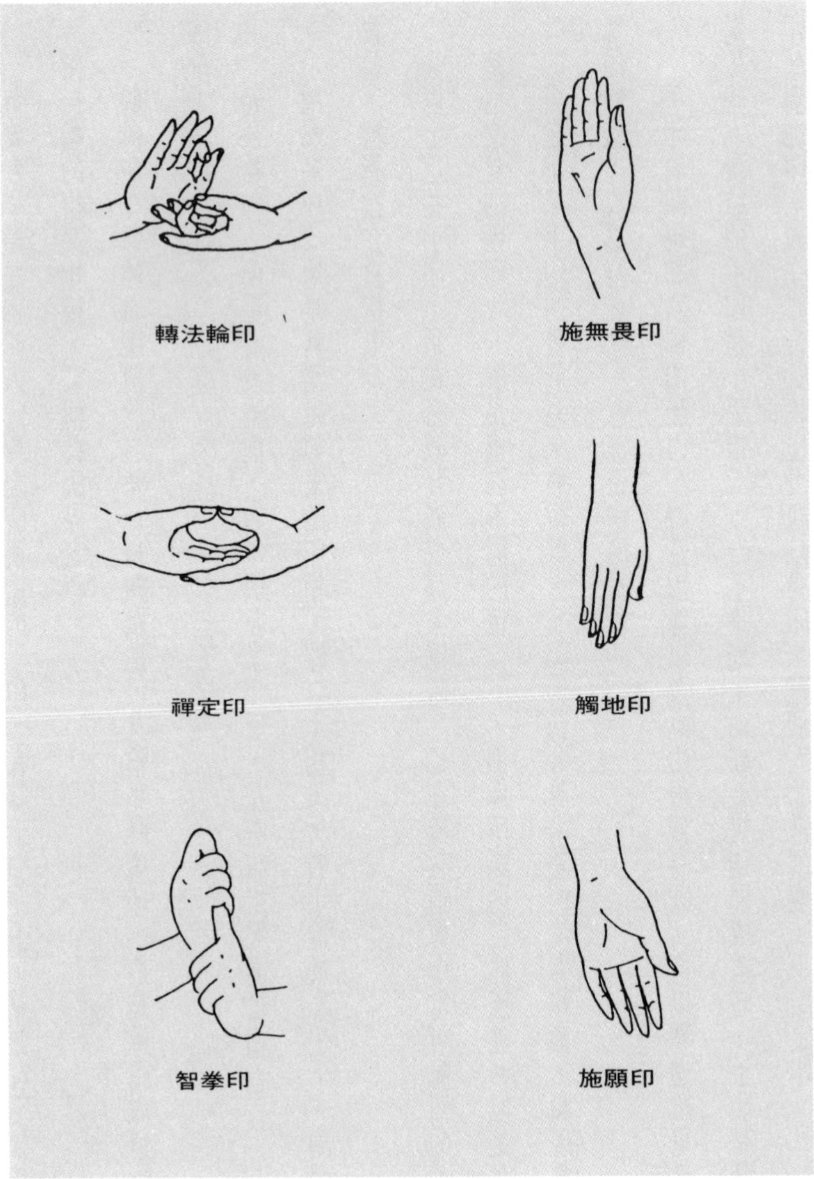
轉法輪印
施無畏印
禪定印
觸地印
智拳印
施願印

常見的手印

降魔印是使一切妄動，屬一切六大的妄動全部降伏，不但降伏外在世間也同時降伏內在身心，降伏內在五大的紛擾，也降伏外在山河大地的紛擾。佛陀成道前，內在六大和外在虛空法界的六大造成諸魔前來干擾，因爲諸魔相應於一個意識體、一個作用的大力量，所以應緣現起來攻擊佛陀。

在因緣上是如此，在法性上可視爲內在宇宙和外在宇宙力量的結合來攻擊佛陀，所以佛陀要降魔得內證金剛心，身是金剛體，坐是金剛坐，法界被降伏後變爲金剛法。

另一常見的手印，則是轉法輪印。當佛陀安住在本然法性之後，由於大悲心而轉動法輪，所結說法印，全部的手指曲線是圓的，表示以最柔軟的心來轉動法輪，所以很自然地，佛陀是把法界中圓滿的境界轉動起來，而降魔印是把體性和外界降伏到不動狀況。

到最後佛陀涅槃時，則是結吉祥印，代表完全的休息，回歸到法界體性。所以從先起的誕生印起，以天上天下唯我獨尊，一手指天一手指地之身印，貫穿十方三世，表成佛力量的開始。如此來觀察佛的四個階段，就能了解同樣一尊佛在不同時空、不同因緣所顯的不同特質，而佛陀的四種手印也代表了不同的階段因緣。

此外，智拳印也是常見的手印。胎藏界的大日如來，他的手印是法界定印，代表法界的寂靜相，一切在理上是平等的，因此以寂靜相來顯現。而金剛界的大日如來是智拳印，以智慧爲力、以智爲拳，代表其智慧上的力量，他以智慧觀照理上平等的法界，並以獨智來突顯。但在內在上是不斷迴旋，從內到外，全體以智慧爲根本力量，所以特別掌握到以智慧觀照法界的現象。

一個是理上的結印相，一個是事上完全的智慧彰顯，他的智慧了知五大，完全了知的作用是絕對光明的作用。一個是屬於本覺，一個是屬於始覺；本覺是平等，始覺是光明和法界自相照應，所以是智慧獨朗的狀況。因此大日如來在不同的因緣當中顯現他的特殊相：在法性的祕密當中，顯現寂滅相；在緣起的祕密上，則顯現大作用的力量、智慧的力量。

⦿結誦印言時的四處加持、五處加持

結誦印言時，有指定的所謂四處加持或五處加持，在次第中到處可見要在一定之處做加持的語句，而且指示的位置有很重要的意義。例如在護身法中，對蓮華部三昧耶的結印說「真言三遍，做頂的右印」，其次在金剛部三昧耶也說「真言誦三遍做頂的左印」，即明確的指定一處。這裡所說頂的左右，是相當於胎藏曼荼羅之三部描述的部位。即以中台八葉爲中心，右方有蓮華部觀音院，左方有金剛部金剛手院。依此將蓮華部與金剛部的三昧耶印配於左右。

四處是指心、額、喉、頂等四處。配以大日如來的內證智（四智）與四佛如下：

心：大圓鏡智——阿閦如來
額：平等性智——寶生如來
喉：妙觀察智——阿彌陀如來
頂：成所作智——不空成就如來

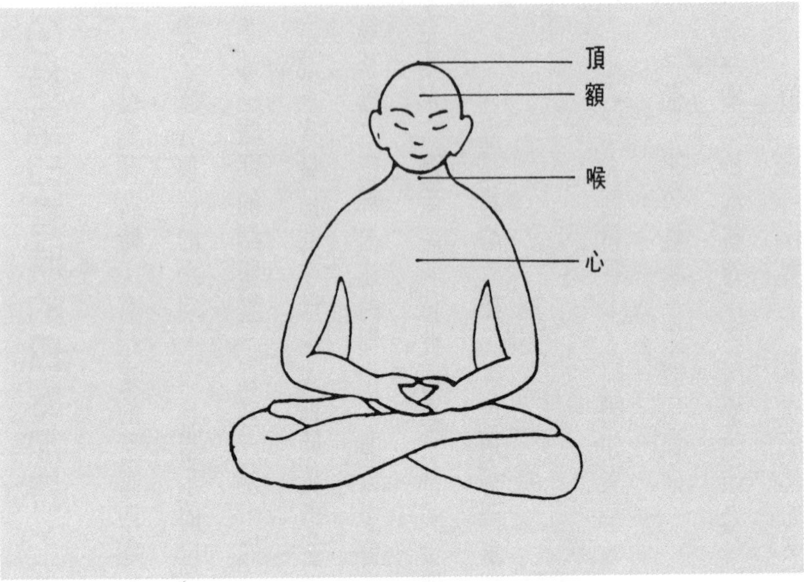

四處加持

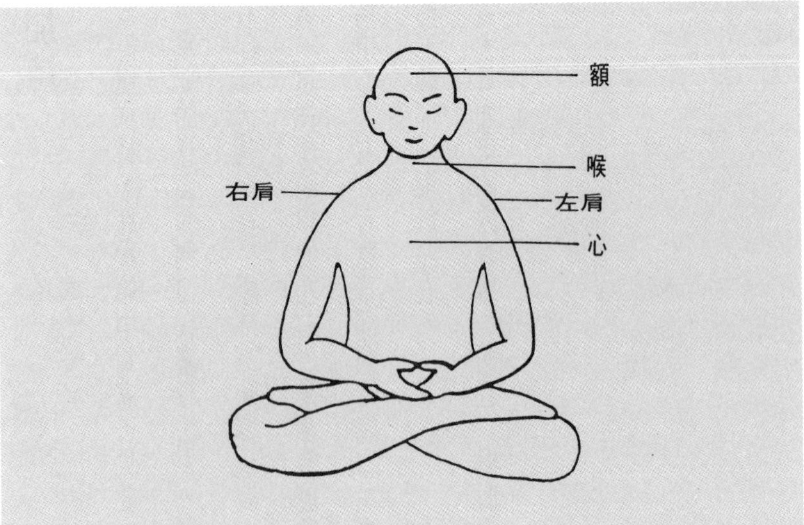

五處加持

加持此四處，行者觀想自身成爲大日法界身。

五處是指額、右肩、左肩、心、喉五處，出於《八字文殊儀軌》。加持五處，行者觀想自身具足五佛，即身成佛。五處五佛的配釋如下：

額——大日如來

右肩——寶生佛

左肩——不空成就佛

心——阿閦佛

喉——阿彌陀佛

除了四處與五處加持之外，還有所謂七處，即在道場觀主尊與七處，其代表意義如下：

左膝——蓮華部

壇上——佛　部

右膝——金剛部

——胎藏界三部

金剛界五部——佛部
- 金剛部——心
- 寶部——額
- 蓮華部——喉
- 羯磨部——頂

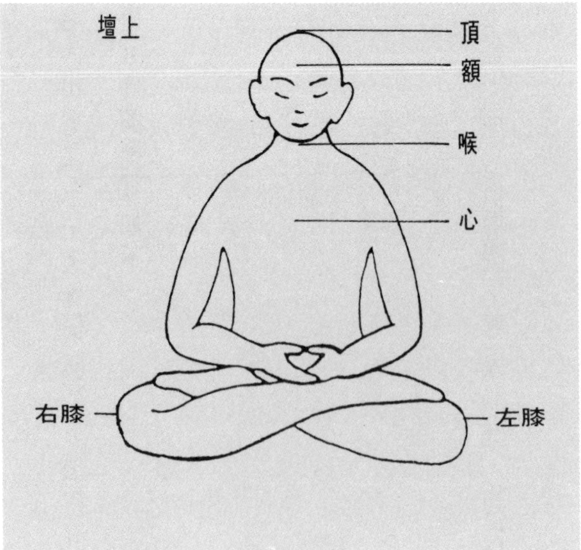

七處加持

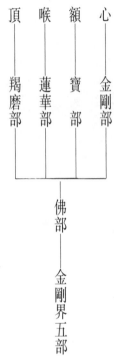

第2篇

諸尊的手印

第一章 佛部、佛頂、佛母的手印

釋迦牟尼佛

釋迦牟尼佛

種子字：（bhaḥ）

釋迦牟尼（梵名Sākya-muni-buddha），爲佛教教主，約在公元前五百餘年，出生於北印度的迦毗羅衛城，爲該城城主淨飯王的太子。姓喬答摩（Gautama），名悉達多（梵Siddhārtha）。於菩提樹下成道後，被尊稱爲「釋迦牟尼」，意思是「釋迦族的賢人」。

釋迦牟尼佛自幼深切地體會到生老病死的痛苦，感受到人生歡樂的無常，於是發心尋求解脫之道。

當佛陀還是太子時，曾自行到城的四門出遊，遇到老、病、死者以及沙門，又見到蟲鳥相食，因此感到世間無常，不可依賴，所以時常安坐禪定。後來生下一子羅睺羅，心想王室已有繼嗣，所以便出家修行。他在二十九歲（一說十九歲）時，悄悄的離開王宮，脫去衣冠，而成爲出家的沙門。

後來釋尊獨自到菩提樹下，在金剛座上，下定決心若不成證無上的正覺，則不起此座。經過七日（一說四十九日）之後，在破曉時分，見到曉星而廓然大悟，證得圓滿完全的覺悟，即阿耨多羅三藐三菩提。當時年爲三十五歲（一說三十歲），而被稱爲「佛陀」（覺者）、「世尊」等名號。

釋尊一生的弘法生涯，大約有四十餘年，最後在世壽八十歲時，於拘尸那羅入於涅槃。

⊙釋迦牟尼佛手印㈠—鉢印

牽挽起左手邊袈裟的一角和掛在肩膀上的衣角，令它繞過左臂，把這如雙耳般的兩角纏在左手中，在臍前把左手掌向上，右手掌如同此狀向上重疊，兩手大拇指相觸稍成圓，成為鉢的形狀，或者如法界定印之狀，雙手重疊，伸出袈裟角，稱之為釋迦大鉢印、鉢印、如來鉢印、胎藏大鉢的印。

【真言】

曩莫① 三滿多② 勃陀喃③ 縛④ 薩縛吃哩捨⑤ 涅素娜曩⑥ 薩縛達磨⑦
縛始多⑧ 鉢羅鉢多⑨ 誐誐曩⑩ 三摩三摩⑪ 娑縛賀⑫

namaḥ① samanta② buddhānāṁ③ bhaḥ④ sarva-kleśa⑤ nirsudana⑥
sarva-dharma⑦ vaśitā⑧ prāpta⑨ gagana⑩ samāsamā⑪ svāhā⑫

⊙釋迦牟尼佛手印(二)—智吉祥印

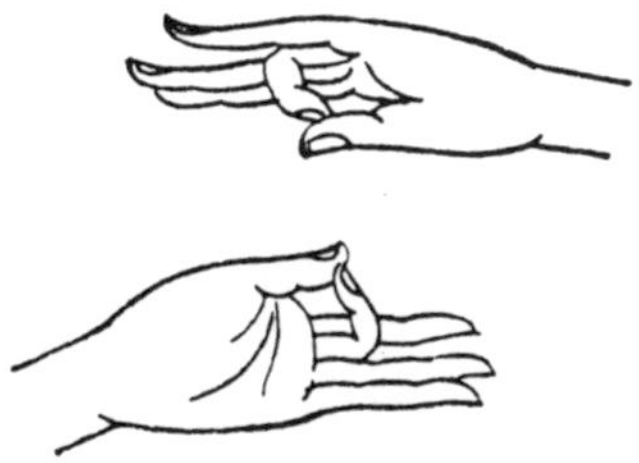

雙手各自以拇指托著中指成彈指狀，其他指頭伸直；左手安於胸前，手掌向上，右手覆其上，但不相接觸；左為上求，右為下化，或者是以此為報身說法之印；法身說法是以大拇指托無名指；應身說法是以拇指托食指；以說法印來稱之為智吉祥印，即有說法後得智的作用，眾生依此可得到吉祥。智吉祥印乃釋迦如來的根本印。真言同前。

⊙釋迦牟尼佛手印(三)—智吉祥印二

雙手內縛，兩拇指、兩中指、兩小指齊豎合一。真言同前。

大日如來

大日如來

種子字：ꡐ（vaṃ）或 ꡐ（āḥ）或 ꡐ（a）

大日如來（Mahāvairocana），在漢譯中，又有摩訶毗盧遮那、毗盧遮那、遍一切處、光明遍照等名號，是密教最根本的本尊，在金剛界與胎藏界兩部密教大法中，都是法身如來，是法界體性自身，是實相所現的根本佛陀。

在華嚴宗毗盧遮那爲蓮華藏世界的教主，也是包含十方諸佛，顯示超越形相之佛法自身的法身佛。法相宗以此爲釋迦牟尼佛的自性身。天台宗以此爲釋迦牟尼佛的法身。

大日如來是密教將宇宙實相佛格化，而成的根本佛，也是一切諸佛菩薩的本地及普門示現的根本總德。

密教將之奉爲真言密教的教主，譯之爲大日如來，或稱摩訶毗盧遮那，以之爲金剛界與胎藏界曼荼羅的中心本尊。

在胎藏界的五方佛，乃以大日如來爲中心，另外則是開敷華王如來、無量壽如來（阿彌陀佛）、天鼓雷音如來及寶幢如來等四位佛陀。

密教認爲大日如來不只是本尊，也是密教教理的核心。由於如來智慧光明遍照一切處，能使無邊法界普放光明，而開啟眾生本具的佛性、善根，成辦世出世間之事業，因此以大日作爲名號。

⊙大日如來手印㈠—智拳印

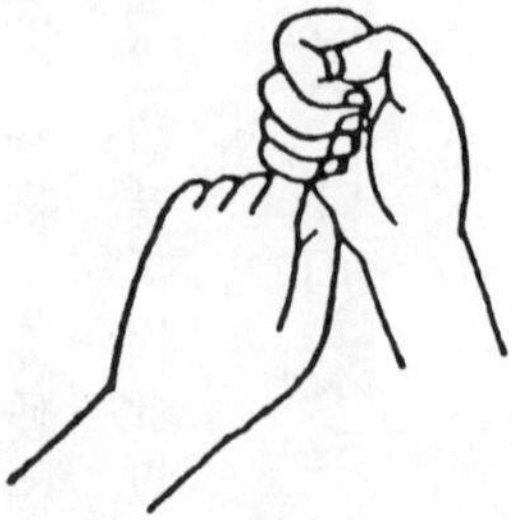

此為金剛界大日如來之手印。以雙手各作金剛拳，左手食指直豎，以右手的小指纏握住左手食指的第一節，而左手食指端支拄著右拇指的第一節。此印含理智不二、生佛一如、迷悟一體等深義；又左手表眾生的五大身，右手為五智五佛的寶冠，將寶冠戴於眾生之形狀，稱之為大智拳印，又稱為「菩提最上契」、「菩提引導第一智印」、「能滅無明黑暗印」、「金剛拳印」、「大日法界印」等。其中金剛界一印會大日如來之結印，為獨一法身之印。

【真言】

唵① 嚩日囉駄都② 鑁③

oṃ① vajra-dhātu② vaṃ③

⊙大日如來手印㈡—法界定印

此為胎藏界大日如來之手印。以左膝托左手，掌心向上，右手同左手一般，重疊於左手之上，兩拇指指端相拄。

【真言】

曩莫① 三滿多沒馱喃② 阿③ 尾④ 囉⑤ 吽⑥ 欠⑦

namaḥ① samanta-buddhānāṁ① a③ vi④ ra⑤ hūṁ⑥ khaṃ⑦

⊙大日如來手印㈢—金剛界自在印

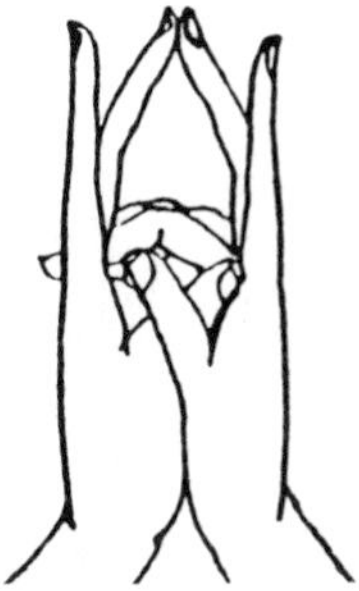

此印為金剛界大日如來於三昧耶會之手印，金剛外縛，豎二中指相柱上節屈如劍形，二食指伸付二中指背。

【真言】

縛日囉惹拏喃① 婀②

vajra-jñāna① āḥ②

阿彌陀佛

阿彌陀佛

種子字：（aṃ）或（saṃ）或（hrīḥ）

阿彌陀佛（梵名 Amitaba 或 Amita-buddha），意譯爲無量光或無量壽佛。又常以飲之可不死不老的甘露來彰顯其特德，而尊之爲甘露王（梵名 Amṛtarāja）或甘露王如來。

阿彌陀佛乃西方極樂世界的教主，以觀世音、大勢至兩大菩薩爲脇侍。依《無量壽經》所述，其於因地爲法藏比丘時，在世自在王佛前，發起無上道心，以四十八宏願，誓願建立十方佛土中最極無比莊嚴的極樂世界，精勤修習菩薩道而成佛。

阿彌陀佛悲願廣大，慈心深切；而其念佛法門，又簡單易行；因此，在信仰大乘的國家中，信仰之人極眾。中國古時有「家家阿彌陀、戶戶觀世音」的說法，正是彌陀信仰普遍流傳的寫照。

在中國佛教寺院的大雄寶殿中，時常供奉著代表東、西、中三方不同世界的三尊佛像，即所謂的「橫三世」，或稱爲「三寶佛」、「三方佛」。於此造型中的阿彌陀佛，被安置於釋迦牟尼佛的右邊，結跏趺坐於蓮台上，雙手結定印，仰掌疊置於足上，掌中托有一座蓮台，表示接引眾生往生西方極樂淨土，於蓮花中化生之意。

⊙彌陀定印

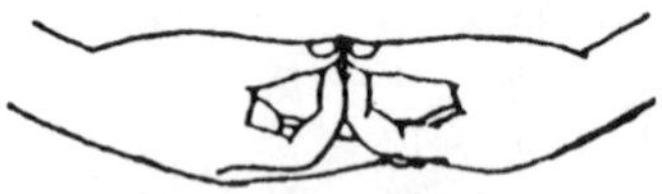

雙手交叉，兩拇指伸豎指端相觸；二食指中節直豎，以兩食指端拇指；此外，小指、無名指、中指六指相交叉襯著拇指暨食指，此即表示六道眾生顯得四智菩提之義。然則打開此印，則是化他門說法之印，支掌風和空的端頂，為開敷之勢，風有開花的功能，空中的風具有自在自得的意義，又禪進的二度喻有禪定的養育之義，為了要勇猛增長佛性的心蓮，而使禪進相合即做此印。金剛界阿彌陀佛於成身會及供養會皆結此印。

【真言】

成身會

唵① 嚧計攝縛囉囉闍② 頡哩③

oṃ① lokeśvara-rāja② hrīḥ③

供養會

唵① 薩哩縛怛他誐多嚩日囉達哩摩耨多囉布惹颯頗囉拏葛哩摩三摩曳② 吽③

oṃ① sarva-tathāgata-vajra-dharmānuttara-pūja-spharaṇa-samaye② hūṃ③

◎阿彌陀根本印

此為阿彌陀佛於金剛界三昧耶會所結之手印。雙手外縛、兩中指豎起相拄，拇指相交叉，宛如蓮葉一般。外縛是生死結縛之義，而蓮表眾生本具之佛性；把雙腕舉起，側觀五股，雙臂豎起即是獨股，外縛的八個指即是八葉蓮花，中指的蓮葉表本尊，臂下的五股是五凡五聖的十界平等，表凡聖不二之理。

【真言】

曩謨① 囉怛曩怛羅夜耶② 娜莫③ 阿哩野④ 弭路婆耶⑤ 怛他蘖多耶⑥ 囉曷帝⑦ 三藐三勃陀耶⑧ 他儞也他⑨ 唵⑩ 阿密嘌帝⑪ 阿密嘌姤納婆吠⑫ 阿密嘌多三婆吠⑬ 阿密嘌多蘖吠⑭ 阿密嘌多悉帝⑮ 阿密嘌多帝際⑯ 阿密嘌多尾訖磷帝⑰ 阿密嘌多尾訖磷多誐弭寧⑱ 阿密嘌多誐誐曩吉迦隸⑲ 阿密嘌多嫩努枇娑嚩隸⑳ 薩縛羅陀薩陀寧㉑ 薩縛羯磨㉒ 訖禮捨㉓ 乞灑孕迦隸㉔ 莎訶㉕

namo① ratna-trayāyu② namaḥ③ Ārya④ mitābhāya⑤ tathāgatāya⑥
arhate⑦ samyaksaṁbuddhāya⑧ tad-tathā⑨ oṁ⑩ amṛte⑪ amṛtōdbhave⑫
amṛta-saṁbhave⑬ amṛta-garbhe⑭ amṛta-siddhe⑮ amṛta-teje⑯ amṛta-vikrānte⑰
amṛta-vikrānta-gāmine⑱ amṛta-gagana-kirtikare⑲ amṛta-duṁdubhi-svare⑳
sarvārtha-sādhane㉑ sarva-karma㉒ kleśa㉓ kṣayaṁ-kare㉔ svāhā㉕

⊙阿彌陀佛九品印

九品印，即自上品上生至下品下生的九種印相。又稱爲往生九品印。這是根據《觀無量壽經》中九品往生的說法，依念佛行者的罪業、修行，所分的九階級印相。例如往生有九品往生，極樂世界有九品淨土、九品念佛，所以阿彌陀佛亦有九品彌陀的區別，而具體的表現即爲九品印。

然而有關九品印的印相，有多種說法，較常見者，是以上品印相爲兩手相疊，置於大腿上的彌陀定印（伸三指，右手置於左手下）。中品印相爲兩手當胸，兩掌向外並列的說法印。下品則爲手掌向外，右手向上，左手向下的施無畏印與施願印。

其中上生印相爲拇指、食指的指尖屈合。中生印相爲拇指、中指的指尖屈合。下生爲拇指與無名指的指尖屈合。如此各品各生的印相都準此而組合之，即成爲上品上生、上品中生、上品下生，中品上生、中品中生、中品下生，下品上生、下品中生、下品下生等九品印。

其中，上品上生印稱爲妙觀察智印，又作定印、彌陀定印，是一般阿彌陀佛坐像所結最常見的手印。而一般立像爲來迎印，是以下品上生的印相最普遍。中品印相又稱爲說法印。此一說法自唐末以來即已流傳，後傳至日本，於真言宗及淨土教均盛行此說。

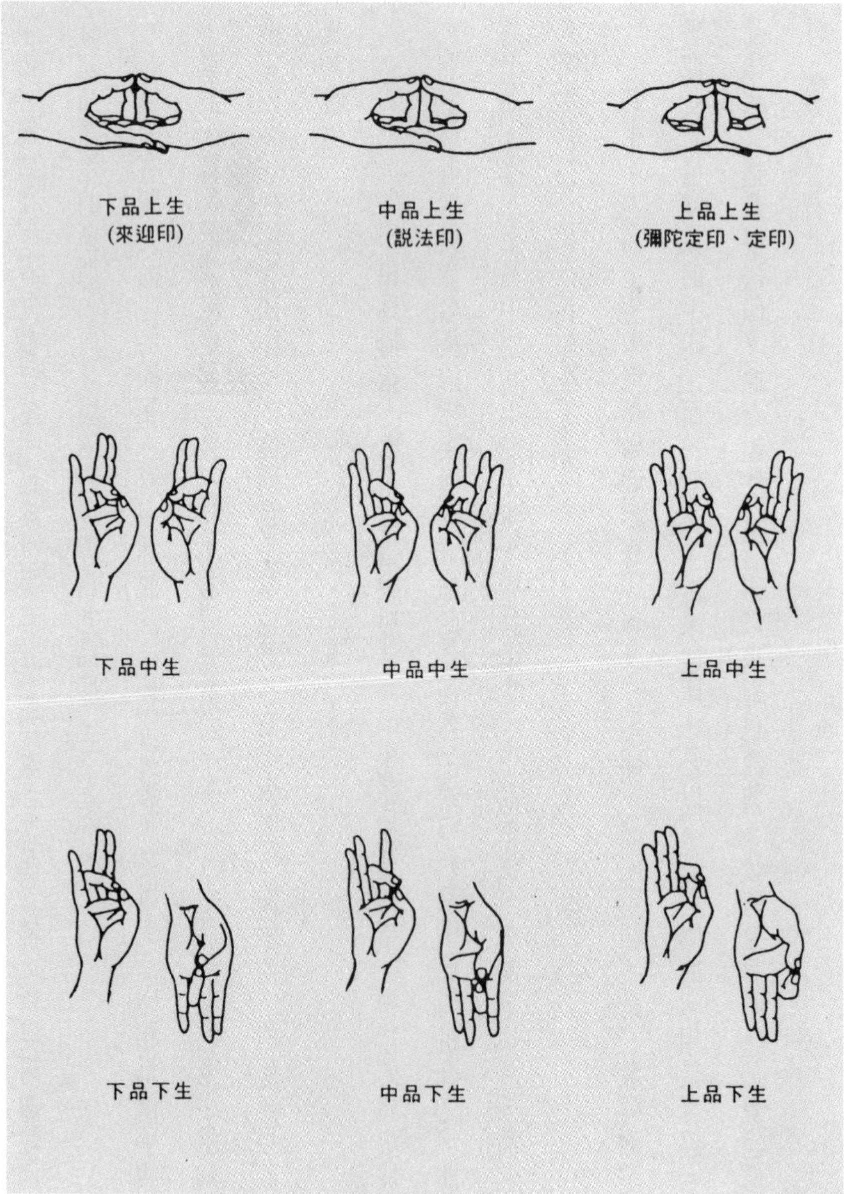
下品上生
(來迎印)
中品上生
(說法印)
上品上生
(彌陀定印、定印)
下品中生
中品中生
上品中生
下品下生
中品下生
上品下生

阿彌陀佛九品印

藥師如來

藥師如來

種子字：（bhai）

藥師如來（梵名Bhaisajya-guru Vaidurya-prabharajah），全名爲藥師琉璃光王如來，通稱爲藥師琉璃光如來，簡稱作藥師佛。

藥師琉璃光如來的名號來源，是以能拔除生死之病而名爲藥師，能照度三有之黑闇故名琉璃光。現在爲東方淨琉璃世界的教主，領導著日光遍照與月光遍照二大菩薩等眷屬，化導眾生。

療治一切眾生的身心之病，是藥師如來的本願，而琉璃光是他本願所展現的特殊造型，因爲他要拔除一切眾生的生死苦惱、重病，所以名爲藥師。因爲藥師如來有如此清淨的本願，所以他在身相上所顯現出來的身，是完全透明無礙的琉璃光，他的淨土世界也是如此，故名藥師琉璃光。

藥師如來不僅醫治我們身體上的病痛，也醫治我們智慧、悲心不圓滿的心靈。因爲眾生一開始，無法感受其深刻的願力，所以他先醫治好眾生的病痛，再醫治眾生的心。

⊙藥師如來的手印(一)—法界定印

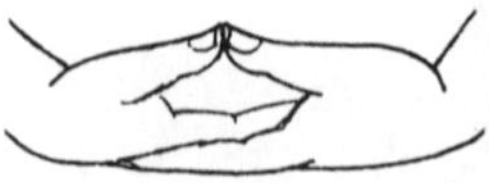

以左膝托左手，掌心向上，右手同左手一般，重疊於左手之上，兩拇指指端相拄。或有說定印上觀藥壺，藥壺中納十二大願之妙藥，來度脫眾生。

【真言】

曩謨① 婆誐縛帝② 佩殺紫野③ 虞嚕④ 吠女哩也⑤ 鉢羅婆⑥ 羅惹野⑦

怛他蘖多野⑧ 羅喝帝⑨ 三藐三沒馱野⑩ 怛儞也多⑪ 唵⑫ 佩殺爾曳佩殺爾曳

⑬佩殺紫野三摩努蘗帝⑭ 娑縛賀⑮

namo① bhagavate② bhaiṣajya③ guru④ vaidūrya⑤ prabhā⑥ rājāya⑦ tathāgatāya⑧ arhate⑨ samyaksambodhāya⑩ tadyathā⑪ oṁ⑫ bhaiṣ-ajye-bhaiṣajye⑬ bhaiṣajyasamudgate⑭ svāhā⑮

◎藥師如來根本印

雙手內縛，兩食指並豎，手腕相距二至三寸，以兩拇指彎曲交叉三次，內縛的左四指是眾生的四大，右四指乃佛界的四大，一切病障源自四大不調，故以佛界的四大當作眾生界的四大來調和之，以兩拇指來回的彎曲交叉，把眾生業、界四大的三病召入藥壺中，成為理、智、教的三藥；又內縛表月輪，二拇指為去二我，以此召請人法二空之義，此乃藥師如來的根本印，又名為藥師印。

【真言】

曩謨① 婆誐縛帝② 佩殺紫野③ 虞嚕④ 吠咹哩也⑤ 鉢羅婆⑥ 羅惹野⑦
怛他蘖多野⑧ 羅喝帝⑨ 三藐三沒馱野⑩ 怛儞也多⑪ 唵⑫ 佩殺爾曳佩殺爾曳
⑬佩殺紫野三摩弩蘖帝⑭ 娑縛賀⑮

namo① bhagavate② bhaiṣajya③ guru④ vaidūrya⑤ prabhā⑥ rājāya⑦
tathāgatāya⑧ arhate⑨ samyaksambodhāya⑩ tadyathā⑪ oṁ⑫ bhaiṣ
-ajye-bhaiṣajye⑬ bhaiṣajyasamudgate⑭ svāhā⑮

阿閦佛

阿閦佛

種子字：hūṃ（hūṃ）

阿閦佛（梵名 Akṣobhya），漢譯有阿閦（音ㄔㄨˋ）、阿閦鞞，以於因地時受大目如來啟發，發起「對一切眾生不起瞋恚的誓願」，而得名「阿閦」，阿閦就是不瞋恚、無憤怒的意思，所以也名為不動或無動，如其密號即為不動金剛。此不動是指身不動、心不動於一切。心不動是指心不受雜染所動搖，不為八風所吹動；在其初發心因緣裡便是不為瞋心所動，而身不動是指常住三昧。

阿閦佛在東方的阿比羅提世界的七寶樹下成佛，佛剎名為「善快（妙喜）」

。基於阿閦佛的願力，在此佛剎中沒有三惡道；一切人都行善事，淫、怒、痴之念甚薄；也沒有邪說外道。此土沒有國王，而以阿閦佛爲法王。境界極爲殊勝，乃爲阿閦佛本願所感。

阿閦如來爲金剛界五方佛之一，是由大日如來大圓鏡智所流出之金剛平等覺身，象徵一切諸佛平等之特德。初發菩提心者，由於阿閦佛加持的緣故，能成證圓滿菩提心。

◎阿閦佛手印㈠—羯磨印

此是阿閦如來在金剛界羯磨會（成身會）中之手印。乃左掌置於臍，右掌覆於膝上，以指端觸地，即得心不動。

【真言】

唵① 惡乞芻毗也② 吽③ （成身會）

oṁ① akṣobhya② hūṁ③

⊙阿閦佛手印㈡—三昧耶印

此是阿閦如來在金剛界三昧耶會中之手印。此法為兩手金剛縛。二中指伸豎如針狀呈獨鈷形。

【真言】

唵① 縛日羅② 枳惹南③ 吽④（三昧耶會）

oṁ① vajra② jñānaṁ③ hūṁ④

寶生如來

寶生如來

種子字：（traḥ）或（hūṁ）或（hṇa）

寶生如來（梵名 Ratna-sambhava），通稱爲南方寶生佛，或南方福德聚寶生如來。在顯教經典裏，則往往稱爲南方寶幢佛，或南方寶相佛。爲金剛界五佛之一。

寶生如來以摩尼寶福德聚功德，成滿一切眾生所願，更予以三界法王位的灌頂，使圓滿自他平等的勝義，所以被攝入五部中的寶部，轉眾生的第七識爲如來智慧，主五智中的平等性智。

《守護經》中記載，寶生佛的印契是滿願印，即左手持衣角當心，右手仰掌。修法時，觀想自身都融成金色，此身即成爲寶生如來。並從頂上放出金色光明，現出無量金色菩薩，各各手中雨下如意寶，光照南方如恆河沙般的世界。眾生如遇到此佛光，則所有的願求都能得到滿足。這種觀想法，也象徵寶生佛「滿足眾生所求」的本願。

⊙寶生羯磨印

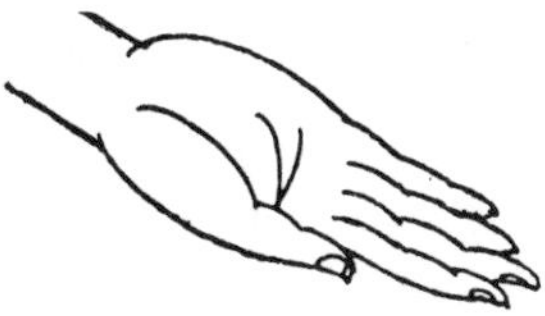

此為寶生如來於金剛界羯磨會（成身會）及供養會之手印。左拳按於臍，右手是施願相。此印又名授所願印。

【真言】

唵① 羅怛曩② 三婆縛③ 怛落④（成身會）

oṁ① ratna② saṁbhava③ trāḥ④

◎寶生三昧耶印

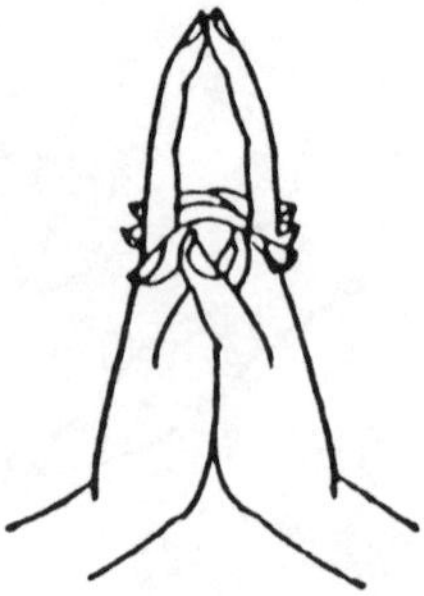

此為寶生如來於金剛界三昧耶會之手印。結法為金剛縛，兩中指豎立如寶形，即寶珠形。

【真言】

(1)縛日羅① 枳惹南② 怛落③（三昧耶會）

vajra① jñānaṃ② trāḥ③

(2)或同寶生羯摩印之真言

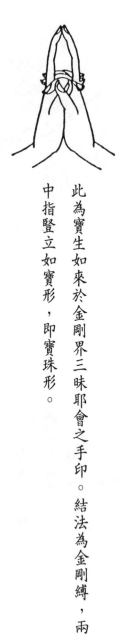

天鼓雷音如來

天鼓雷音如來

種子字：𑖀𑖾（aḥ）或𑖮𑖽（haṃ）

天鼓雷音如來（梵名Divyadundubhi meghanirghoṣa），又稱爲鼓音如來、鼓音王。是胎藏五佛之一，位胎藏界曼荼羅中臺八葉院之北方，有說與阿閦如來是同尊。

在《大日經》中說，天鼓雷音如來安住寂定之相，彰顯廣大涅槃的功德，因此稱爲不動。又因涅槃無相，就像天鼓一樣，雖然沒有形相，卻能演說如來法音，成辦一切事業，所以名爲鼓音如來。

⊙天鼓雷音如來手印

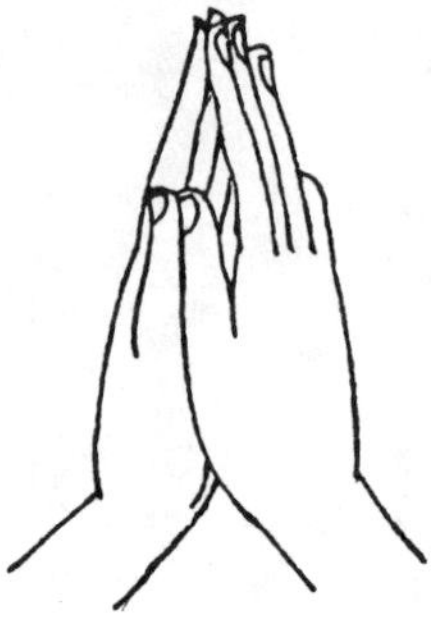

天鼓雷音如來之手印為蓮華合掌，將兩小指置於掌中。

【真言】

南麼① 三曼多勃馱喃② 哈鶴③ 莎訶④

namaḥ① samanta-buddhānāṁ② haṁ haḥ③ svāhā④

寶幢如來

寶幢如來

種子字：𑖀（a）或𑖨𑖼（raṃ）

寶幢如來（梵名 Ratnaketu），音譯爲囉怛曩計覩。爲位於胎藏界曼荼羅中臺八葉院東方之佛。又稱爲寶幢佛、寶星佛，密號福壽金剛、福聚金剛。此佛主菩提心的妙德；以寶幢代表發菩提心之義，因爲他以一切智願爲幢旗，在菩提樹下降伏魔眾，所以得到寶幢的名號。

此尊於金剛界曼荼羅中身呈淺黃色，著赤色袈裟，偏袒右肩，左手向內，執持袈裟之二角置於胸前。右手屈臂稍豎而向外開，復稍仰掌垂指，作與願印，跏趺坐於寶蓮花上。三昧耶形爲光焰印。

⊙寶幢如來手印

蓮華合掌，即兩手合掌十指齊等頭相合，手掌掌心微開。

【真言】

南麼① 三曼多勃馱喃② 嚂③ 嗠④ 莎訶⑤

namaḥ① samanta-buddhānāṃ② raṃ③ raḥ④ svāhā④

不空成就如來

不空成就如來

種子字：𑖀𑖾（aḥ）

不空成就如來（梵名Amogha-siddhi），又稱不空成就佛，是金剛界五佛之一，位北方。而在胎藏界中，則稱之爲北方天鼓雷音佛。顯教經典則稱其爲天鼓音佛或雷音王佛。

不空成就如來以大慈方便，能成一切如來事業及度化眾生事業，由於其善巧智慧方便，能成就一切有情菩提心，畢竟不退。安住菩提道場，降伏魔眾，能變化珍寶滿虛空，故攝入五部中之業部，主五智中之成所作智。其四方安置金剛業、金剛護、金剛牙、金剛拳等四菩薩。

不空成就佛在五佛智中，轉眼、耳、鼻、舌、身等五識成智，代表大日如來的成所作智，所以也象徵能以大慈的方便，成就一切如來事業及眾生事業。依密典所傳，修法者由於不空成就佛的加持，在諸佛事及有情事上，都能圓滿成就；而且能成辦自他兩利的妙行，並遠離一切煩惱。

⊙不空成就如來手印(一)──施無畏印

此為不空成就如來於金剛界成身會之手印，即左手於臍前結金剛拳印，右手結施無畏印。

【真言】

唵① 阿慕伽悉悌② 惡

oṃ① amogha-siddhe② aḥ③

⦿不空成就如來手印(二)

外縛，二中指屈入掌中面相合，二拇指、小指伸豎相合。

【真言】

唵① 嚩日囉惹拏喃② 噁③

oṃ① vajra-jñāna② aḥ③

開敷華王如來

開敷華王如來

種子字：（ā）或（vaṃ）

開敷華王如來（梵名 Saṃkusumita-rāja-tathāgata），又稱爲娑羅樹王華開敷佛、開敷華佛、華開敷佛，密號平等金剛。爲胎藏界五佛之一，位於胎藏曼荼羅中臺八葉院南方。以其安住於離垢三昧，以菩提心種子，長養大悲萬行，成就無上正覺，萬德開敷，所以稱爲開敷華王如來。

此尊尊形全身呈金色，普放光明，通肩披袈裟，右手仰掌，爲施無畏印，左手執袈裟之角，置於臍側。

⊙開敷華王如來手印

蓮華合掌，即兩手合掌，十指齊等頭相合，兩掌掌心微開。

【真言】

南麼① 三曼多勃馱喃② 鑁③ 嚩④ 莎訶⑤

namaḥ① samanta-buddhānāṃ② vaṃ③ vaḥ④ svāhā④

勝佛頂

勝佛頂

種子字：（śaṃ）

勝佛頂（梵名 Jayoṣṇīśa），音譯惹欲鄔瑟尼灑。又稱勝頂輪王、勝佛頂轉輪。為五佛頂之一、八佛頂之一。於胎藏現圖曼荼羅位釋迦院。以此尊已斷除無明之根，故其所證悟之寂靜涅槃為如來之廣大寂靜，此寂乃無等無比，而為大寂之頂，故稱勝佛頂。

其身呈黃色，現菩薩形，右手執含苞之蓮花，左手握拳執蓮花，蓮上豎一周圍發出光焰之劍，結跏趺坐於赤蓮花上。

⊙勝佛頂手印—大慧刀印

二手金剛合掌，二食指彎屈甲相合，二大拇指並立押二食指甲側。

【真言】

南麼① 三曼多勃馱喃② 苫③ 惹庾鄔瑟尼灑④ 娑嚩賀⑤

namaḥ① samanta-buddhānāṁ② śaṃ③ jayoṣṇīśa④ svāhā④

最勝佛頂

最勝佛頂

種子字：（śī）

最勝佛頂（梵名 Vijayoṣṇīśa），主要在彰顯佛轉法輪之特德。為五佛頂或八佛頂之一。

其尊形為身呈黃色，左手持蓮，蓮花上安輪，安坐於蓮花上。

⊙最勝佛頂手印—轉法輪印

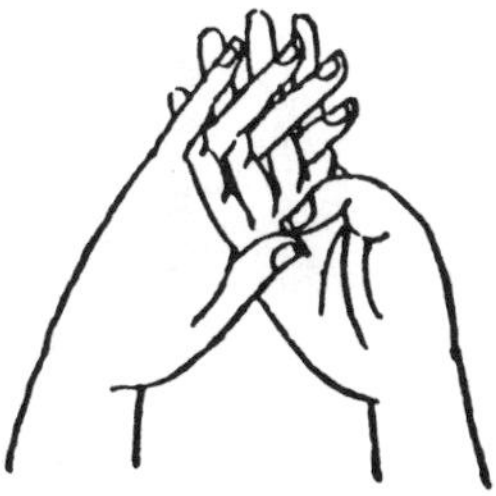

兩掌反相叉，二大拇指指端相合。

【真言】

曩莫① 三滿多沒馱喃② 施③ 枲④ 尾惹庾鄔瑟尼灑⑤ 娑嚩賀⑥

namaḥ① samanta-buddhānāṁ② śī③ śi④ vijayoṣṇīśa⑤ svāhā⑥

光聚佛頂

光聚佛頂

種子字：（trīṃ）

光聚佛頂（梵名 Tejorāśyuṣṇīṣaḥ或 Uṣṇīṣa-trijorāśi），音譯帝儒囉施鄔瑟尼灑。爲密教五佛頂之一，八佛頂之一。又作火聚佛頂、火光佛頂、放光佛頂、光聚佛頂輪王。位於胎藏界曼荼羅釋迦院。本尊象徵如來光明，照破眾生黑闇之特德，故名爲光聚佛頂。常念誦光聚佛頂之聖號，能破壞一切障礙、驅除難伏之鬼魅，可成就一切廣大佛事。

尊形爲身呈金色，端坐於赤蓮華上，右掌側豎，屈無名指、小指，左手置腰間，持蓮華，蓮上有佛頂形。

⊙光聚佛頂印

虛心合掌，二無名指、二小指等之指甲相合入掌中，二食指附著二中指之背，並竪二拇指，即成為三目之形。

【真言】

曩莫① 三滿多沒馱喃② 怛陵③ 帝儒囉施④ 鄔瑟尼灑⑤ 娑嚩賀⑥

namaḥ① samanta-buddhānāṁ② trīṃ③ tejo-rāśy④ uṣṇīṣa⑤ svāhā⑥

大轉輪佛頂

大轉輪佛頂

種子字：ॐ（trūṃ）

大轉輪佛頂（梵名 Mahoṣṇīsacakra-vartin），又作大轉佛頂、廣生佛頂、廣大佛頂、會通大佛頂、黃色佛頂，或稱爲會通大頂轉。密號破魔金剛。爲三佛頂之一，或八佛頂之一。此尊位於胎藏界曼荼羅釋迦院中。

其尊形爲身呈黃色，示現菩薩形，結跏坐於赤蓮華上，右手持蓮華，蓮上立一獨股杵，左手拇、中指相捻，食指豎直，面向左。

◉大轉輪佛頂手印—如意寶印

虛心合掌，二手小指、拇指相合，餘指略屈，如開敷蓮華。

【真言】

吒嚕吽① 鄔瑟尼灑② 娑嚩賀③

trūṃ① uṣṇīṣa② svāhā③

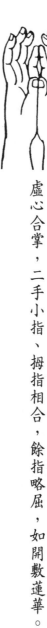

高佛頂

高佛頂

種子字：**sruṃ**（śrūṃ）

高佛頂（梵名 Abhyudgatoṣṇīṣa），又作廣生佛頂、發生佛頂、最勝佛頂、最高佛頂。密號難覩金剛。為五佛頂之一、八佛頂之一。在胎藏曼荼羅中位列釋迦院。常憶念此尊，於鬥戰、論理、諍訟之時，皆可獲致吉祥。若書其真言於頭上，則可吉祥清靜，滅罪得福，並得無礙之辯才。

尊形為身呈黃色，結跏趺坐於赤蓮華上，右手掌豎起，無名指彎屈，左手當腰持蓮，蓮上有綠珠。

◎高佛頂手印

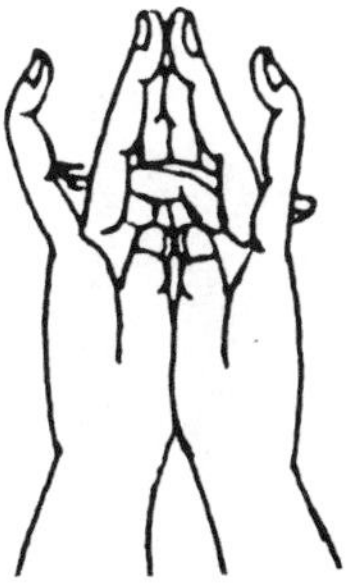

二手相合而屈無名指外相叉，二小指、二中指向上相持，食指舒申屈第三節令不相著，猶如穬麥，二拇指微屈。

【真言】

曩莫① 三滿多沒馱喃② 室嚕唵③ 鄔瑟尼灑④ 娑嚩賀⑤

namaḥ① samanta-buddhānāṁ② śrūṃ③ uṣṇīṣa④ svāhā⑤

無量音聲佛頂

無量音聲佛頂

種子字：（hūṁ）

無量音聲佛頂（梵名Anantasvaraghosacakravartin），爲三佛頂之一，主要在表彰佛陀以無量妙音說法，使眾生各得開解。

其尊形爲身呈黃色，左手持蓮華，上有螺貝，右手立掌，屈食指、中指。

◎無量音聲佛頂—法螺印

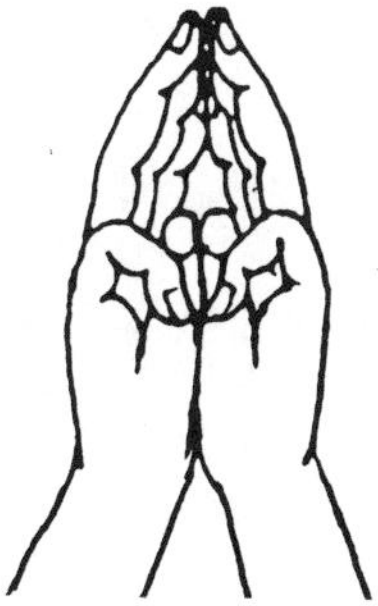

法螺印，即二手虛心合掌，以二食指繞置於大拇指上，甲相著。

【真言】

曩莫① 三滿多沒馱喃② 吽③ 惹庾鄔瑟尼灑④ 娑嚩賀⑤

namaḥ① samanta-buddhānāṃ② hūṃ③ jayoṣṇīṣa④ svāhā⑤

佛頂尊勝佛母

佛頂尊勝佛母

佛頂尊勝佛母（梵名Vijaya），密號爲除魔金剛，又稱除障佛頂、尊勝佛母、頂髻勝佛母，簡稱爲尊勝母。與無量壽佛、白度母並稱爲長壽三尊之一。

在一切佛頂中，尊勝佛頂能去除一切煩惱業障，破壞一切穢惡道之苦，所以又稱爲尊勝佛頂、除障佛頂。

藏密中認爲，頂髻尊勝佛母是無量壽佛的變化身，此外，也有視之爲大如來的化身。

藏傳尊勝佛母的中面白色表示平息災障，右面黃色表諸法增益，左面藍色表降伏之法。手托大日如來爲其上師，表懷愛；持箭代表勾召眾生的悲心，施無畏印代表使眾生遠離一切怖畏，施願印表示滿足一切眾生的心願，持弓者表勝三界，結定印上托甘露瓶，表示使眾生得以長壽無病，十字金剛杵表降魔降災事業成就，羂索代表降伏一切難調伏之眾生。

修尊勝佛母法門，能增壽命，長福慧，消罪業，除兇災，而其咒尊勝陀羅尼，共有八十七句，依其長短分別被稱爲大咒、中咒、小咒。受持、書寫、供養、讀誦此陀羅尼，或是安置於塔、高幢、樓閣等，可得淨一切惡道，消除罪障、增長壽命、往生極樂世界之功德。密宗修行者或朝夕讀誦，或爲亡者迴向時誦之；而禪門在課誦時，也常念誦此咒。在中國、日本，修持此陀羅尼者甚多，而且非常靈驗。

◉尊勝佛頂手印㈠——尊勝空印

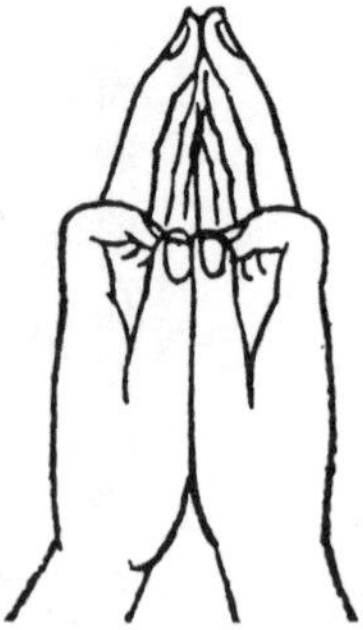

虛心合掌，將二食指折曲，指甲尖相碰觸，再以兩拇指傾壓兩食指端，如彈指狀。以蓮花合掌之印母說法，稱之為瓶印、尊勝寶瓶印、尊勝空印等，而和塔印、大慧刀印、無所不至印為同印，然而印相有所不同。

【真言】

唵　阿密嘌都妬婆　娑婆訶

◉尊勝佛頂手印㈡——卒都婆印

雙手虛心合掌，兩拇指合併豎立，而後縮至兩中指之根部，兩食指彎曲輕捻兩拇指指端。此印有未敷蓮花合掌、金剛合掌為印母的說法，又兩拇指之開閉，有開塔印及閉塔印之別。卒都婆印又稱為「無所不至印」、「大惠刀印」、「惠刀印」、「大日劍印」、「塔印」、「大卒都婆印」等。真言同前。

⊙尊勝手印㈢

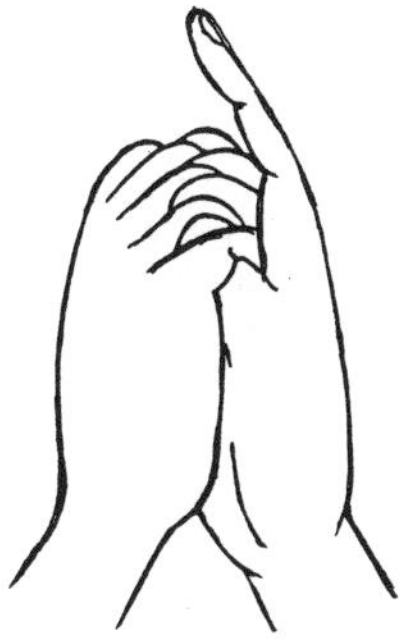

雙手內縛，右手食指豎起，微彎曲如鉤形，因尊勝佛頂即胎藏界的除障佛頂，所以此乃除障佛頂的手印。真言同前。

◎尊勝手印(四)

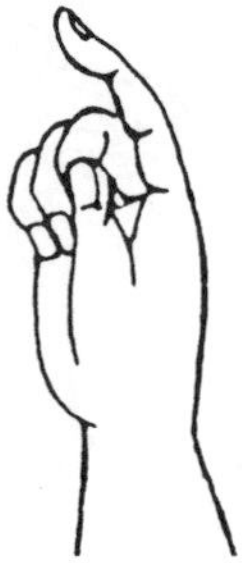

右手作蓮花拳，食指豎起，上節微彎曲如鉤形，此為胎藏除障佛頂之印。真言同前。

佛眼佛母

佛眼佛母

種子字：（ga）或（gaṃ）

佛眼佛母（梵名 Buddha-locani），梵名音譯爲沒陀路左曩、勃陀魯沙那；

又稱為佛眼、佛眼尊、佛母尊、佛母身、佛眼部母、佛眼明妃、虛空眼明妃、虛空藏眼明妃、一切如來佛眼大金剛吉祥一切佛母尊。是密教所供奉的本尊之一，位於密教胎藏界曼荼羅中，置於表示般若一切智的遍知院及釋迦院中。

佛眼佛母尊乃是般若中道妙智的示現，具有五眼，能出生金胎兩部諸佛、菩薩，為出生佛部功德之母，故稱佛眼。修持佛眼佛母之法門，可以平息災障，增長福德、壽命。

◉佛眼佛母（一切如來寶）手印—蓮華合掌

此為佛眼佛母在胎藏界釋迦院（名一切如來寶）之手印：蓮華合掌。

【真言】

南麼① 三曼多勃馱喃② 薩婆他微麼底微枳囉儜達摩馱睹喤闍多③ 參④

參⑤ 訶⑥ 莎訶⑦

namaḥ① samanta-buddhānāṃ② sarvathā-vimati-vikiraṇa-dharma-dhātu-nirjāta③ saṃ④ saṃ⑤ ha⑥ svāhā⑦

⊙佛眼根本大印(一)

雙手虛心合掌，兩食指稍微彎曲，各捻兩中指第二節之背側。《瑜祇經》中有言，兩小指微開，而《大日經》是將兩小指、無名指置於掌中，此印乃五眼具足之印。

【真言】

曩謨① 婆誐嚩覩② 鄔瑟抳沙③ 唵④ 嚕⑤ 嚕⑥ 娑跛嚕⑦ 入縛攞⑧ 底瑟吒⑨ 悉馱⑩ 路左抳⑪ 薩嚩囉他⑫ 娑馱儞曳⑬ 娑縛賀⑭

namo① bhagavate② uṣṇisa③ oṃ④ ru⑤ ru⑥ sphuru⑦ jvala⑧ tiṣṭha⑨ siddhia⑩ locani⑪ sarvārtha⑫ sādhane⑬ svāhā⑭

⊙佛眼根本大印(二)

金剛合掌，兩食指並曲，指端相合，兩拇指並立輕拄著頭指側端。名為時處軌之三眼具足印，或者稱為一眼具足印、金眼印等，也有彎曲虛心合掌之說法。

【真言】

曩謨① 三滿路沒馱南② 唵③ 沒馱路者儞④ 娑嚩訶⑤

namaḥ① samanta-buddhānāṁ② oṁ③ buddha-locani④ svāhā⑤

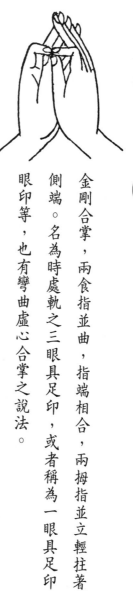

第二章 菩薩部的手印

地藏菩薩

地藏菩薩

種子字：ཧ（ha）

地藏菩薩（梵名 Kṣitigarbha），是悲願特重的菩薩，因此佛教徒常稱之為大願地藏王菩薩，以顯其特德。

關於地藏菩薩名號的由來，在《地藏王菩薩十輪經》裡面說其「安忍不動如大地，靜慮思密知秘藏」，所以名為「地藏」。

安忍不動如大地，是說地藏菩薩的忍波羅蜜第一，猶如大地能夠承載一切眾生的種種罪業。而靜慮思密知秘藏中的靜慮，是彰顯其智慧禪定的不可思議。

另外也有說「地藏者，伏藏也。」就是說潛伏在大地的一切寶藏，都是地藏。「伏藏」另外有一個意思，就是代表眾生的佛性，亦即如來藏，也就是眾生本具的佛性，能夠使我們成就圓滿的佛果，所以是一切不可思議功德伏藏。

這功德伏藏，能滿一切眾生心願，是能出生眾生成佛的母胎。「地」在具體的現象意義上，具有生長、堅固、住持萬物、不動、廣大母性等等特質，因為能生成萬物，所以具有藏持寶藏的能力與力量。因此用「地」這樣具體的形物，來象徵、比喻菩薩也具有如此的福德。

地藏菩薩在中國，被視為地獄救度之王，在日本，則被視為兒童的守護者，受到普遍的崇仰。

◎地藏根本印

此為地藏菩薩在胎藏界地藏院之手印——旗印。雙手內縛，兩中指豎起相對，兩中指象徵福智之二莊嚴也，即雙手生福智，授予一切眾生之義。又兩中指豎起如旗狀故名為旗印也，此印為地藏根本印。

【真言】

南麼① 三曼多勃馱南② 訶③ 訶④ 訶⑤ 微娑麼曳⑥ 莎訶⑦

namaḥ① samanta-buddhānāṃ② ha③ ha④ ha⑤ vismaye⑥ svāhā⑦

◎六地藏

一般人以爲，地藏菩薩只在地獄道裡救度地獄眾生，其實他在整個六道中均有能力教化濟度，這就是所謂的六地藏——渡化六道眾生的地藏。六地藏之名，也是依娑婆世界有六道眾生而說的，他方世界或七道或四道不等者，地藏亦依他方的因緣而一一示現應化。

六道地藏的名稱，各經軌所載不一，但是大體而言，皆源於《大日經疏》卷五，胎藏界地藏院九尊中之六上首，即：地藏、寶處、寶掌、持地、寶印手、堅固意。

在《十王經》中，說明六地藏之手印如左：

1. 預天賀地藏——說法印
2. 放光王地藏——施無畏印
3. 金剛幢地藏——施無畏印
4. 金剛悲地藏——接引印
5. 金剛密地藏——甘露印
6. 金剛願地藏——成辦印

文殊菩薩

文殊菩薩

種子字：（a）或（maṁ）

文殊師利菩薩（梵名Mañjuśri），梵名音譯爲文殊尸利、曼殊室利，又名文殊師利法王子（梵名Mañjusrikumarahūta），或文殊師利童真、孺童文殊菩薩。在密教當中則有般若金剛、吉祥金剛、大慧金剛、辯法金剛等密號。在《大乘本生心地觀經》中則稱爲「三世覺母妙吉祥」。與普賢菩薩同爲釋迦牟尼佛之左右脇侍，世稱「華嚴三聖」。

在密教中文殊菩薩形像的種類，分爲一字、五字、六字、八字文殊，其中以五髻文殊爲最主要。

五字文殊（梵名 Mañjughoṣa），音譯曼殊伽沙。即以「阿、羅、波、者、那」等五字爲真言之文殊師利菩薩。「阿（a）」本寂無生之義（毗盧遮那說）；「羅（ra）」本空離塵之義（阿閦佛說）；「波（pa）」本真無染著離垢之義（寶生佛說）；「左（ca）」本淨妙行之義（觀自在王如來說）；「那（na）」本空無自性之義（不空成就如來說）。

一字文殊，又稱爲一髻文殊，係指結一髮髻之文殊菩薩，以其髮髻爲一髻，故稱之。而在《大方廣菩薩經》中及《文殊師利根本一字陀羅尼經》舉出文殊菩薩真言爲「唵齒𠲎」，所以稱爲一字文殊。

八字文殊，文殊師利菩薩在《大聖妙吉祥菩薩秘密八字陀羅尼修行曼荼羅次第儀軌法》舉出八字真言：「唵阿味囉𤙖佉左洛」，故稱八字文殊。因爲其頂上有八髻，所以又稱爲八髻文殊菩薩。通常於息災、去除惡夢等場合修此法。

六字文殊，則以「唵縛雞淡納莫」六字爲真言之文殊菩薩。此菩薩住於滅罪調伏之三昧，其真言有六字，故稱六字文殊。如果行者爲了往生極樂或求長壽，可修六字文殊法。

◎文殊師利菩薩手印(一)

兩手虛心合掌，中指、無名指交結相持，以二食指置二大拇指上，如鉤形。

【真言】

南麼① 三曼多勃馱喃② 係③ 係④ 俱摩囉迦⑤ 微目吃底鉢他悉體多⑥ 薩麼囉⑦ 薩麼囉⑧ 鉢囉底然⑨ 莎訶⑩

namaḥ① samanta-buddhānāṃ② he③ he④ kumāraka⑤ vimukti-patha-sthita⑥ smara⑦ smara⑧ pratijñāṃ⑨ svāhā⑩

⊙文殊師利菩薩手印(二)

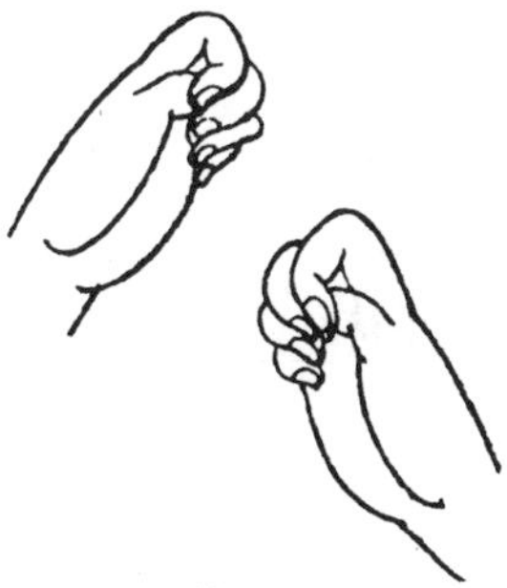

此印出於《理趣經》。雙手作金剛拳，左拳按左膝，如持梵篋一般，右拳立於右膝上，如持劍狀。

⊙文殊師利菩薩手印(三)

此印出於《理趣經》。左手作持花印，即拇指同食指相捻，其餘三指豎立，作持花狀觀之，後置於心；右手作劍印，即是以拇指傾壓無名指、小指之指甲，其餘二指豎起，繼之以右手劍印來斬左手花莖三次，此乃切斷凡夫隔執之義。

◎五字文殊金剛劍印

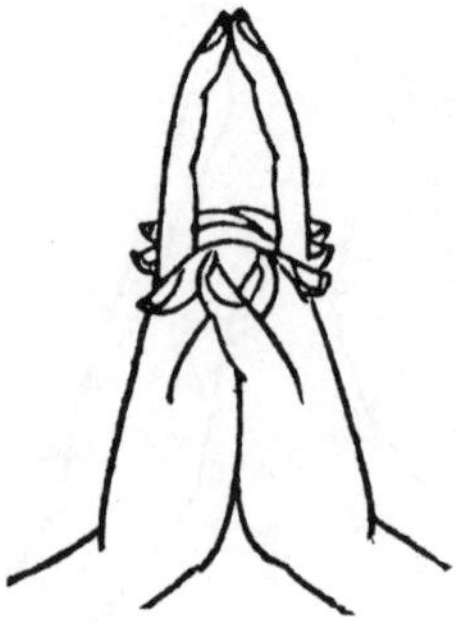

雙手外縛，兩中指豎合，指上節彎曲如劍形，又名為文殊劍印，為金剛界三昧耶會之金剛利菩薩印。

【真言】

阿① 羅② 波③ 左④ 那⑤

a① ra② pa③ ca④ na⑤

◎五髻印

右手無名指暨左手小指指端相合，繼之把右手小指與左手無名指指端相合。而兩中指、食指、拇指指端亦各自相合，此印形如五峯狀，將其置之心、兩肩、喉而至於頂。與《覺禪鈔》中所說稍有不同，雙手金剛合掌，以右小指面傾壓左中指面，以右中指面傾壓左食指面，而兩拇指並立，此印文名為五字文殊師利印。

【真言】

唵① 耨佉② 泚那③ 澹④

oṃ① duḥkha② cheda③ dhaṃ④

◎八字文殊手印

雙手虛心合掌，將兩中指依附於兩無名指背，兩拇指並豎，兩食指彎曲合一，置於兩拇指上。據大日經密印品所述，此乃胎藏文殊院之印。中指、無名指、小指表青蓮花，拇指、食指為劍形，即表示三昧耶形。

【真言】

唵① 阿② 味③ 囉④ 鈝⑤ 佉⑥ 左⑦ 洛⑧

oṁ① āḥ② vi③ ra④ hūṁ⑤ kha⑥ ca⑦ raḥ⑧

◎八字文殊大精進印

雙手內縛，兩拇指豎起，微彎曲而傾壓兩食指，然而二拇指及兩食指之間有啟、閉二種說法；啟時如獅口大張，噉食一切眾生煩惱不祥等，閉時如獅口噉食已畢，故此印又稱之為獅子口，或名之為大精進印、一切無畏印、獅子冠印、獅子首印、文殊獅子口印、寶珠印、妙吉祥破諸宿曜印、破宿曜障印、破七曜一切不祥印等，而與佛部心三昧耶同。

【真言】

唵① 阿② 味③ 囉④ 吽⑤ 佉⑥ 左⑦ 洛⑧

oṁ① āḥ② vi③ ra④ hūṁ⑤ kha⑥ ca⑦ raḥ⑧

⊙六字文殊

於掌中將兩無名指以右壓左而相勾結，兩小指、中指直豎相拄，彎曲兩食指而捻各中指之背上節。同時食指來去。

【真言】

唵縛雞淡納莫

普賢菩薩

普賢菩薩

種子字：（hūṃ）或（aḥ）或（aṃ）或（ka）

普賢菩薩（梵名Samantabhadra），音譯爲三曼多跋陀羅，義譯作遍吉，爲具足無量行願，普示現於一切佛剎的菩薩，所以佛教徒常尊稱其爲大行普賢菩薩，以彰顯其特德。

《大日經疏》卷一中說：普賢菩薩，普是遍一切處義，賢是最妙善義。是說普賢菩薩依菩提心所起願行，及身、口、意悉皆平等，遍一切處，純一妙善，具備衆德，所以名爲普賢。

密教普賢是以其表示菩提心，認爲他與金剛手、金剛薩埵、一切義成就菩薩同體。

普賢代表一切諸佛的理德與定德，與文殊的智德、證德相對，兩者並爲釋迦牟尼佛的兩大脇侍。文殊駕獅、普賢乘象，表示理智相即、行證相應。

普賢菩薩是大乘菩薩的代表，象徵著究極的大乘精神。在《華嚴經》中明示一切佛法歸於毗盧遮那如來及文殊、普賢二大士，三者並稱「華嚴三聖」，其中普賢菩薩代表一切菩薩行德本體。

⦿普賢菩薩根本印

雙手外縛，兩中指指端相合豎立，又名為三昧耶印、根本印。

【真言】

三昧耶① 薩怛鑁②

samaya① satvaṃ②

⊙普賢菩薩手印

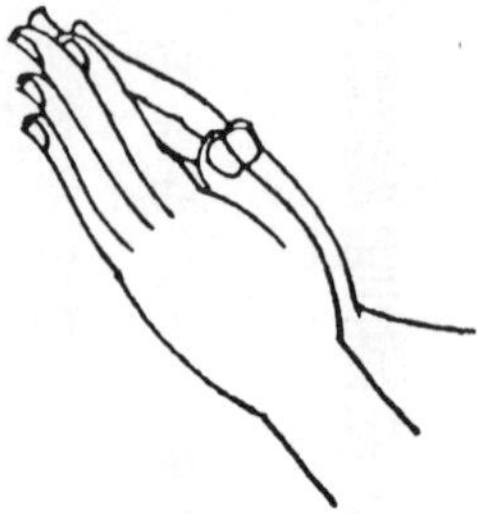

此即為胎藏界中台八葉院普賢菩薩之手印。兩掌相合，十指合攏，兩掌內成空心圓狀。

【真言】

南麼① 三曼多勃馱喃② 暗③ 噁④ 莎訶⑤

namaḥ① samanta-buddhānāṃ② aṃ③ aḥ④ svāhā⑤

◎普賢外五鈷印

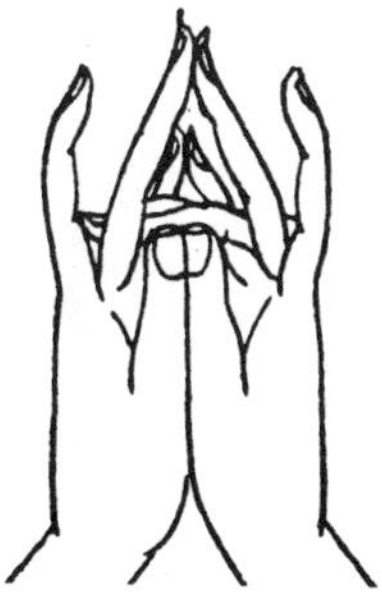

雙手外縛，兩中指、拇指、小指各自並豎，兩食指彎曲如鈎形，置於兩中指背側，但不相附著。五鈷杵豎起之形，即表五智金剛，而五鈷印又名為大羯磨印、五峯印、五大印等。又外五鈷印另有外縛五鈷印、智塔印、大卒都婆印、十真如印等不同名稱。

【真言】

唵① 縛日羅薩埵② 惡③

oṃ① vajra-sattva② aḥ③

◎普賢一切支分生印

雙手作蓮花合掌，兩拇指並豎，指端稍為彎曲。此乃大日經秘密八印中的一切支分生印。如入佛三昧耶印，兩大拇指成為小瓶之形相，用以觀想灌注大悲智水，施予一切眾生，但印圖是合掌微張，兩拇指彎曲各自分立，如掬水般。

【真言】

南麼① 三曼多勃馱喃② 暗③ 噁④ 莎訶⑤

namaḥ① samanta-buddhānāṃ② aṃ③ aḥ④ svāhā⑤

普賢延命菩薩

普賢菩薩有增益、延命的性德，當他住於增益延命三昧的境界之時，就成爲普賢延命菩薩（Samanta-bhadrayuh）。

依照密教經典的記載，若有眾生能對此一菩薩如法修持與祈求，則「終不墮三惡道，定增壽命。終無夭死短命之怖，亦無惡夢魘魅咒詛惡形羅剎鬼神之怖。

亦不為水火兵毒之所傷害。」

⊙普賢延命菩薩手印

雙手各作金剛拳，兩食指伸展，以右食指壓左食指，兩相勾結，置於頂。左食指（風）是凡夫生滅的息風，右食指（風）指佛界金剛不壞的命風，兩相勾結即表示眾生分段的命風，和如來常住的第一命結合，進入本不生際，即是眾生諸佛一如的金剛壽命，來成就延命。

【真言】

唵① 縛日羅喻曬② 吽吽③ 尸棄④ 莎訶⑤

oṁ① vajrayuse② hūṁ hūṁ③ śikhi④ svāhā⑤

彌勒菩薩

彌勒菩薩

種子字：𑖀（a）或𑖧𑖲（yu）或𑖪𑖽（vaṃ）

彌勒菩薩（梵名 Maitreya），音譯作彌帝禮、梅怛儷藥，或梅任梨，意譯作慈氏。是當來下生，繼釋尊之後成佛的菩薩，所以又稱為一生補處菩薩，補處薩埵或彌勒如來。

彌勒菩薩號爲慈氏，這個名號的建立，最後根本是來自其本願所行，在緣起上，他生生世世皆是修習慈心三昧、行慈行來救度眾生。彌勒菩薩的特德，是在拔除眾生痛苦之後，更進一步給予眾生法樂。

在《一切智光明仙人慈心因緣不食肉經》中說，彌勒菩薩發心不食肉，以此因緣而名慈氏。《大日經疏》卷一則記載：慈氏菩薩以佛四無量中之慈心爲首，此慈從如來種姓中生，能令一切世間不斷佛種，故稱慈氏。

彌勒菩薩在金剛界曼荼羅裡是屬於賢劫十六尊之一，安置於三昧耶會等的東方北端，有關其形象有種種說法，現圖胎藏曼荼羅的圖相是身肉色，頭戴寶冠，冠中有卒都婆，左手施無畏，右手持蓮花，花上有寶瓶。此外，尚有其他不同尊形傳世，如三十臂彌勒等。而中國的「布袋和尚」，一向也被視爲彌勒菩薩的化身。他大大的肚子，笑咪咪的面容，成爲中國佛寺特有的景象。

⊙彌勒菩薩手印(一)——卒塔婆印

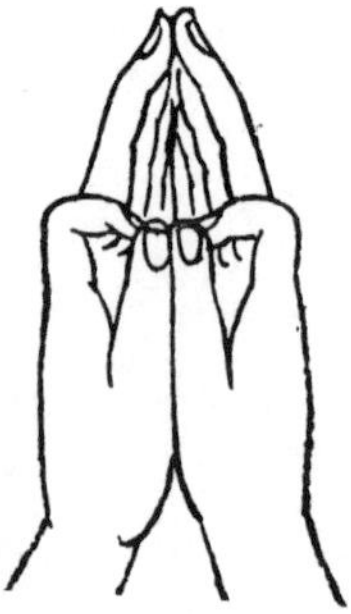

此印表示彌勒菩薩持有一切法身塔之義。對一切愛見煩惱乃至二乘等不能勝之物也能勝，知一切眾生知性，相應而起慈義也，又名為發生普遍大悲心三昧耶印。雙手虛心合掌，兩拇指合併豎立，而後縮至兩中指之根部，兩食指彎曲輕捻兩拇指指端。

◎彌勒菩薩手印(二)──蓮華合掌

此為彌勒菩薩在胎藏界中台八葉院之手印，為蓮華合掌。

【真言】

南麼① 三曼多勃馱喃② 摩訶瑜伽瑜擬寧③ 瑜詣說⿰口履④ 欠若咧計⑤ 莎訶⑥

namaḥ① samanta-buddhānāṃ② mahāyogayogini③ yogeśvari④

khañjalike⑤ svāhā⑥

⊙彌勒菩薩手印(三)

此為彌勒菩薩在金剛界成身會的手印。虛心合掌，二食指指甲背相合，二拇指押食指側面。

【真言】

唵① 昧怛哩野② 阿③ 娑嚩賀④

oṃ① maitreya② a③ svāhā④

大勢至菩薩

大勢至菩薩

種子字：（saḥ）或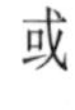（saṃ）

大勢至菩薩（梵名Mahā-sthāma-prāpta），又譯作摩訶那鉢、得大勢、大勢志、大精進，或簡稱勢至、勢志。依《觀無量壽經》說：此菩薩以智慧光普照一切，令眾生遠離三惡道，得無上力，所以稱此菩薩爲大勢至。其與觀世音菩薩同爲阿彌陀佛的脇侍，彌陀、觀音、勢至合稱爲「西方三聖」，分別象徵彌陀之悲、智。

依《楞嚴經》所載，大勢至菩薩在因地所修的是念佛三昧，因此，他也以念佛法門教導眾生。經中云：十方諸佛如來，憐念眾生的心，就像母親憶念兒女一樣。如果眾生之心，也如是憶佛念佛，現前當來，必定能見佛。

因此，其所開示的法門是：「都攝六根，淨念相繼，得三摩地，斯爲第一。」這種法門，在後世也成爲我國淨土行者的重要準則。

在密教的《七佛八菩薩神咒經》與《藥師本願經》，則將此菩薩列爲八大菩薩之一，大日經系的經典，則將此尊列屬爲觀音部，密號持輪金剛、持光金剛、轉輪金剛、空生金剛等。

⊙大勢至菩薩手印

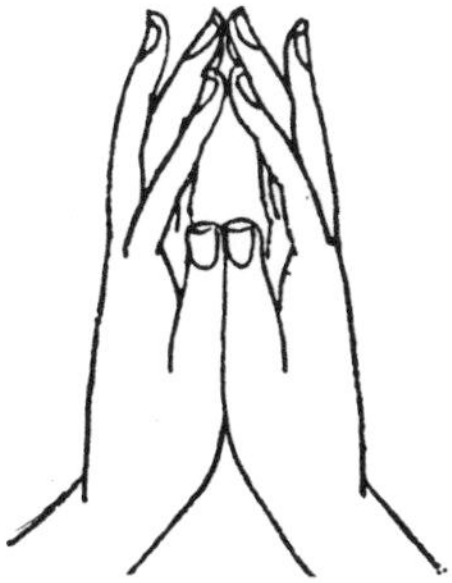

虛心合掌，十指內彎成圓的狀態，如未開的蓮花，繼之把兩中指微微的打開，即是未敷蓮花印。虛心合掌乃至未敷蓮花，宛如如來之寶篋，然開敷卻如合。

【真言】

南麼① 三曼多② 勃馱喃③ 髯髯④ 索⑤ 莎訶⑥

namaḥ① samanta② buddhānāṁ③ jaṁ-jaṁ④ saḥ⑤ svāhā⑥

虛空藏菩薩

虛空藏菩薩

種子字：（trāḥ）或（trāṁ）或（oṁ）或（ā）或（ī）

虛空藏菩薩（梵名Akāśa-garbha），又譯爲虛空孕菩薩。以此菩薩所具有的福智二藏，無量無邊，猶如虛空，因此乃有此名。在密教中，此菩薩爲胎藏曼荼羅虛空藏院之主尊，及釋迦院釋迦之右方脇士，亦爲金剛界賢劫十六尊之一。

依《虛空藏菩薩神咒經》所載，世尊對此菩薩甚爲讚嘆，說其禪定如海，淨戒如山，智如虛空，精進如風，忍如金剛，慧如恒沙。是諸佛法器，諸天眼目，人之正導，畜生所依、餓鬼所歸，在地獄救護眾生的法器，應受一切眾生最勝供養。由此可見此菩薩功德之殊勝。

◎虛空藏手印㈠——三昧耶印

結金剛縛印，兩手頭指反蹙如寶形，大指並豎當心。在此金剛縛為外縛，在《白寶口鈔》中則詳述，為內縛之義，此為虛空藏菩之根本印。

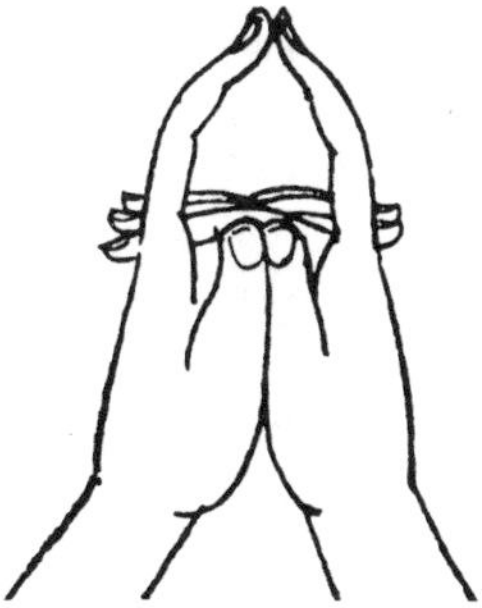

【真言】

南牟① 阿迦捨② 揭婆耶③ 唵④ 摩哩⑤ 迦麼唎⑥ 慕唎⑦ 莎縛賀⑧

nama① ākāśa② garbhāya③ oṁ④ māli⑤ kamali⑥ māuli⑦ svāhā⑧

⊙虛空藏手印(二)

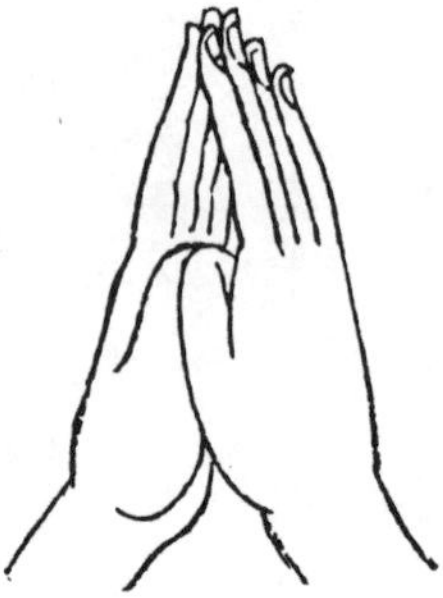

虛心合掌，以兩拇指並曲，插入掌內，此乃胎藏部之虛空藏，真言同前述。

⊙虛空藏手印(三)

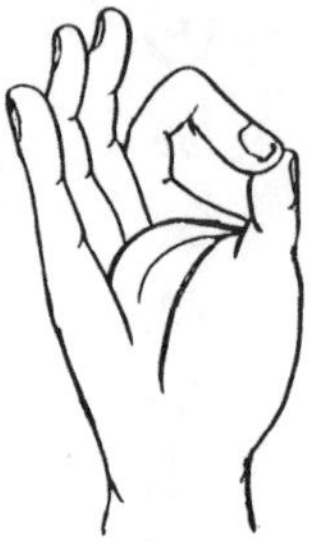

右手五指向上仰予以伸展，食指、拇指相捻，如捻香狀，食指第二節彎曲，但第一節儘量伸直，或者右手作拳，食指、拇指相捻如寶形，真言同前述。

◎虛空藏菩薩手印(四)──虛空藏印

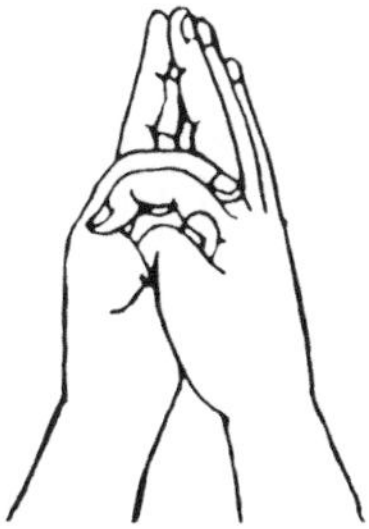

此為胎藏曼荼羅釋迦院中虛空藏菩薩之手印，名虛空藏印。

結法為虛心合掌，二食指屈在二中指下，拇指入掌中。

【真言】

南麼① 三曼多勃馱喃② 阿迦奢三麼多努蘖多③ 微質怛囉嚩囉達囉④ 莎訶⑤

namaḥ① samanata-buddhānāṃ② ākāśa-samantānugata③ vicitrāmbarad-hara④ svāhā⑤

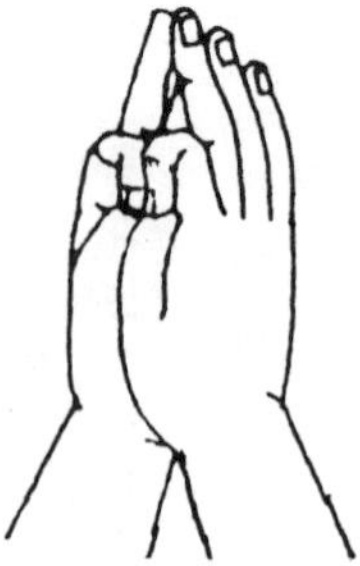

⊙虛空藏菩薩手印(五)

此為胎藏曼荼羅虛空藏院之虛空藏菩薩手印。結法為虛心合掌，二拇指屈入掌中，二食指屈附二拇指上。真言同前。

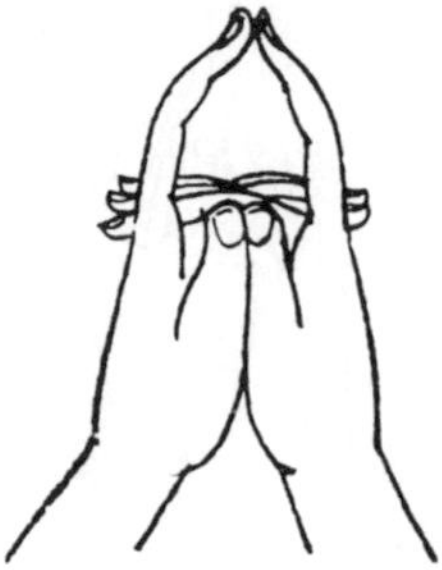

⊙虛空藏菩薩手印(六)

此印出於《理趣經》五段，與前虛空藏三昧耶印同。雙手外縛，兩食指成寶形，兩拇指並立，置於頂上。

五大虛空藏菩薩

五大虛空藏菩薩

五大虛空藏菩薩、又作五大金剛虛空藏。是指法界虛空藏、金剛虛空藏、寶光虛空藏、蓮華虛空藏、業用虛空藏等五菩薩。又稱解脫虛空藏、福智虛空藏、能滿虛空藏、施願虛空藏、無垢虛空藏；或稱智慧虛空藏、愛敬虛空藏、官位虛空藏、能滿虛空藏、福德虛空藏。是大日、阿閦、寶生、彌陀、釋迦五佛各住於如意寶珠三昧之義，五菩薩即五佛所變現，成就五智三昧而成立此五大菩薩。

此五尊分別乘獅子、象、馬、孔雀、迦樓羅鳥。總印之印相爲外五鈷印，二中指作寶形，並在其餘四指之端觀想寶形。

五大虛空藏菩薩之形像，依《瑜伽瑜祇經》〈金剛吉祥大成就品〉所載，於一大圓明中更畫五圓，中圓畫白色之法界虛空藏，左手執鈎，右手持寶；前圓（東）畫黃色之金剛虛空藏，左手執鈎，右手持寶金剛；右圓（南）畫青色之寶光虛空藏，左手執鈎，右手持三瓣寶，放大光明；後圓（西）畫赤色之蓮華虛空藏，左手執鈎，右手持大紅蓮華；左圓（北）畫黑紫色之業用虛空藏，左手執鈎，右手持寶金剛。

⊙五大虛空藏菩薩手印(一)——外五鈷印

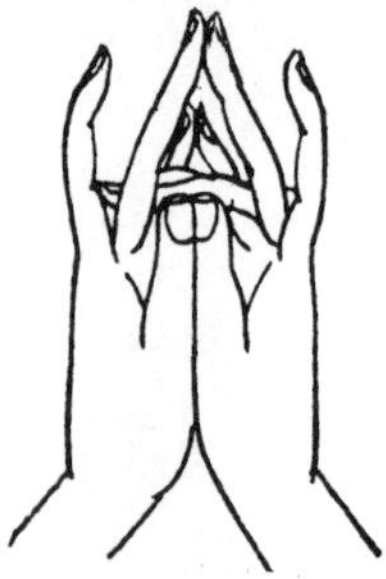

同外五鈷印，即雙手外縛，兩拇指、中指、小指直竪，指端相合，兩食指彎曲如鈎狀，但兩中指指端相合成寶形，作寶珠觀想之，其餘各指也作此觀之。

【真言】

鍐① 吽② 落③ 紇里④ 惡⑤

vaṃ① hūṃ② traḥ③ hrīḥ④ aḥ⑤

◎五大虛空藏菩薩手印(二)—內五鈷印

同內五鈷印。雙手內縛，兩拇指、中指、小指直豎，指端相合，兩食指彎曲如鈎狀。置於兩中指背側但不相附著，將兩中指作為寶形，以觀想五峯各有寶珠。

【真言】

鍐① 吽② 落③ 紇里④ 惡⑤

vaṃ① hūṃ② traḥ③ hrīḥ④ aḥ⑤

⊙法界虛空藏手印

雙手外縛，兩中指豎起如寶形。

【真言】

鍐① 吽② 落③ 紇里④ 惡⑤

vaṃ① hūṃ② traḥ③ hrīḥ④ aḥ⑤

⊙金剛虛空藏手印

雙手外縛，二中指豎如寶形，二食指屈如三股。

【真言】

鑁① 吽② 落③ 紇里④ 惡⑤

vaṃ① hūṃ② trāḥ③ hrīḥ④ aḥ⑤

⊙寶光虛空藏手印

雙手外縛，兩中指、食指豎起如寶形。

【真言】

鑁① 吽② 落③ 紇里④ 惡⑤

vaṃ① hūṃ② trāḥ③ hrīḥ④ aḥ⑤

◉蓮華虛空藏手印

如法界虛空藏手印，但二食指屈如蓮葉狀，兩中指豎起如寶形。

【真言】

鑁① 吽② 落③ 紇里④ 惡⑤

vaṃ① hūṃ② traḥ③ hrīḥ④ aḥ⑤

◉業用虛空藏手印

雙手外縛，兩中指伸豎相拄如寶形，將兩無名指、食指豎起相交。

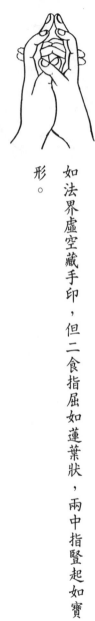

【真言】

鑁① 吽② 落③ 紇里④ 惡⑤

vaṃ① hūṃ② trāḥ③ hrīḥ④ aḥ⑤

大隨求菩薩

種子字：𑖢 （pra）

大隨求菩薩

大隨求菩薩（梵名 Mahā-pratisāra），音譯爲摩訶鉢羅底薩落，簡稱爲隨求菩薩，密號與願金剛。位列現圖胎藏曼荼羅觀音院內。此菩薩能隨眾生之祈求而爲其除苦厄、滅惡趣，圓滿眾生所願，因此，才有「隨求」之名號。

大隨求菩薩的功德，主要表現在其咒語「隨求即得大自在陀羅尼」上。依《大隨求陀羅尼經》所載，若人聽聞此咒，即能消滅其罪障。若受持讀誦，則火不能燒，刀不能害，毒不能侵，能得一切護法的守護。若書寫此咒懸於臂上及頸下，則此人能獲得一切如來的加持。

此一菩薩之形像，其身黃色，有八臂，所戴寶冠中有化佛。八臂各結印契，故有八印。於《大隨求即得大陀羅尼明王懺悔法》中，即載有「隨求八印」。

⊙隨求八印之一——五股印

雙手內縛，兩拇指、中指、小指直豎，指端相合，兩食指彎曲如鈎狀。置於兩中指背側但不相附著，將兩中指作為寶形，以觀想五峯各有寶珠。

【真言】

(1)大隨求大陀羅尼（因所佔篇幅過多，請參閱《金剛頂瑜伽最勝秘密成佛隨求即得神變加持成就陀羅尼儀軌》）（大正藏第二十冊）。

(2)短咒：唵① 嚩日羅② 娑縛賀③

oṁ① vajra② svāhā③

⊙隨求八印之二——鉞斧印

伸展雙手各手指，左掌覆、右掌仰，兩手背向相附著，十指相交勾如斧狀，為鉞斧也。

【真言】

(1)一切如來心真言

(2)短咒：唵① 跛囉戍② 娑縛賀③

⊙隨求八印之三——索印

雙手內縛，兩中指豎起相合成圓狀，表索也。

(1)一切如來心印真言

(2)短咒：唵① 跛奢② 娑縛賀③

⊙隨求八印之四——劍印

即大慧刀印，表劍也。

(1)一切如來金剛披甲真言

(2)短咒：唵① 渴誐② 娑縛賀③

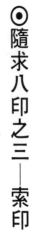

⊙隨求八印之五——輪印

雙手外縛，兩無名指豎起，指端相合；兩小指申豎相交，輪也。

(1)一切如來灌頂真言

(2)短咒：唵① 斫羯羅② 娑縛賀③

⊙隨求八印之六——三戟印

虛心合掌，以兩拇指各捻兩小指之甲，兩食指、中指、無名指並立，指間相離如三戟叉狀，表三股戟也。

(1)一切如來結界真言

(2)短咒：唵① 底里戍羅② 娑縛賀③

◎隨求八印之七—寶印

雙手外縛，兩拇指並豎，兩食指豎起微彎曲作寶形。

(1)一切如來心中心真言

(2)短咒：唵① 進多摩抳② 娑縛賀③

◎隨求八印之八—梵篋印

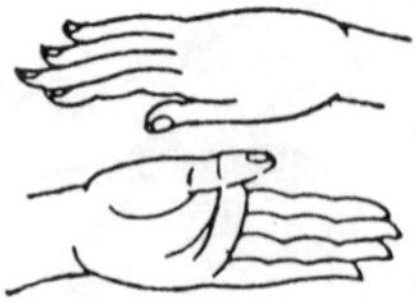

雙手舒掌，左手仰掌，右手覆於上，手掌稍微彎曲。於胎藏曼荼羅觀音院中之大隨求菩薩即用此印。此印同時也是大隨求菩薩之隨心印。

(1)一切如來隨心真言

唵① 跛羅跛羅② 三跛羅三跛羅③ 印捺哩野④ 尾戍馱寧⑤ 吽吽⑥ 嚕嚕⑦

左黎⑧ 娑縛賀⑨

oṁ① bhara bhara② saṁbhara saṁbhara③ indriya④ vicuddhane⑤ hūṁ hūṁ⑥ ru ru⑦ cale⑧ svāhā⑨

(2)短咒：唵① 摩訶尼儞也② 馱羅抳③ 娑縛賀④

金剛薩埵

金剛薩埵

種子字：（hūṁ）或（stavṁ）

金剛薩埵（梵名Vajrasattva），爲密教傳法之第二祖。Vajra（嚩日囉）意爲金剛，sattva（薩埵）意譯作有情、勇猛等義。簡稱爲金薩，或稱爲金剛手、金剛手秘密主、執金剛秘密主、持金剛具慧者、金剛上首、大藥金剛、一切如來普賢、普賢薩埵、普賢金剛薩埵、金剛勝薩埵、金剛藏、執金剛、秘密主。密號真如金剛或大勇金剛。其以淨菩提心堅固不動，勇於降伏一切外道有情，故謂大勇。而淨菩提心爲恆沙功德之根本所依體，故名真如。

在金剛界曼荼羅中，此尊爲東方阿閦如來四親近菩薩之一，從一切如來菩提堅牢之體性所出生，乃金剛界十六菩薩之一。

⊙理趣經金剛薩埵手印㈠

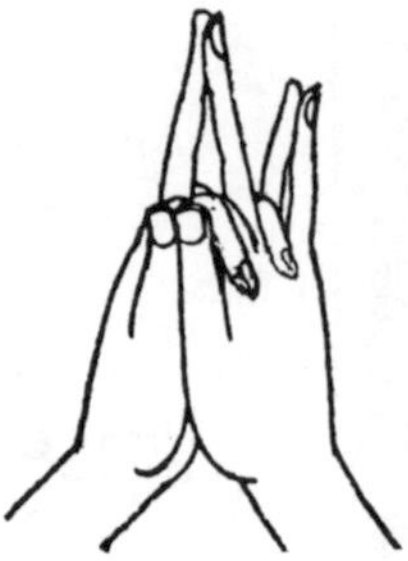

雙手外縛，兩中指豎立如針狀，兩小指、拇指各自豎立，此為三昧耶會之金剛薩埵印，參照五鈷印。

【真言】

唵① 麼賀蘇佉② 嚩日囉娑哆嚩③ 弱吽鑁穀④ 蘇囉多⑤ 薩多鑁⑥

oṁ① mahāsukha② vajra sattva③ jaḥ hūṁ baṁ hoḥ④ surata⑤ sttvaṁ⑥

⊙金剛薩埵手印(二)

本印出於《理趣經》，雙手各作金剛拳，右拳仰按於右胸上，左拳覆按於左腰際，此乃金剛薩埵鈴智杵印。右拳上下揮動三次，或者將五指張開，上下揮動三次，如搗杵狀；但右手有無抽擲，各家說法不同。

【真言】

吽

hūṁ

段段印都是用此真言。

⊙金剛薩埵五秘密大獨鈷印

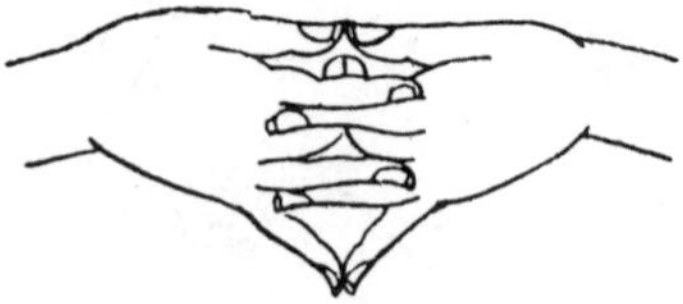

出自《理趣經》十七段，即大獨鈷印、極喜三昧耶印也，同理趣經物印。即雙手外縛，兩拇指、小指豎立，指端相抵，兩中指交叉置於掌中，指頭面向相合，如箭上弓之形，此乃表示兩拇指、小指，是淨菩提心獨股之弓，而兩中指則是定慧不二的智箭，或是同體大悲之箭。此印又稱為喜悅三昧耶印、悅喜三昧耶印、大三昧耶真實印、素羅多大誓真實印、大誓真實契、大樂金剛不空三昧耶隨心印、一切諸佛如來安樂悅意歡喜三昧耶印、普賢菩薩三昧耶印、大慾印。

【真言】

吽

hūṃ

⊙金剛薩埵羯磨印

與前理趣經段段印初段及金剛薩埵初集會印同。

【真言】

唵① 跋折羅薩怛嚩② 噁③

oṃ① vajra-satva② āḥ③

⊙金剛薩埵三昧耶印

金剛薩埵在金剛界三昧耶會中之手印。結法為兩手外縛，二中指申豎相合。

【真言】

唵① 三昧耶薩② 怛鑁③

oṃ① samayas② tvaṃ③

無盡意菩薩

無盡意菩薩

種子字：（jña）

無盡意菩薩（梵名Akṣaya-mati），又譯作無盡慧菩薩、無量意菩薩。關於無盡意的名稱，《大方等大集經》說：一切諸法之因緣果報名為無盡意。一切諸法不可盡，意即發菩提心不可盡乃至方便亦無盡。

《觀音義疏》卷上則說：凡八十無盡，八十無盡悉能含受一切佛法，由此得名無盡意也。

另外，在《法華經玄贊》卷十〈觀世音普門品〉中說：無盡意菩薩，行六度四攝等種種妙行，並誓度眾生，等眾生界盡菩薩之意才盡，眾生未盡菩薩之意也無盡，所以就叫無盡意。

在該經卷二十七〈無盡意菩薩品〉內，敘述此菩薩為使舍利弗見不眴世界的普賢如來，而入佛土三昧，合掌遙禮彼佛，灑微妙香華供養之。當香華散至普賢如來世界時，彼國諸菩薩見之，皆樂欲見娑婆世界釋迦文佛及大眾，普賢菩薩遂放大覺明照耀娑婆世界，令該國諸菩薩都能遙見此土。

在密教中，此菩薩為賢劫十六尊之一，列在金剛界曼荼羅三昧耶會外壇北方五尊中之西端。此菩薩因發願於娑婆世界，度無盡無餘之眾生而有此名。

⊙無盡意菩薩手印——梵篋印

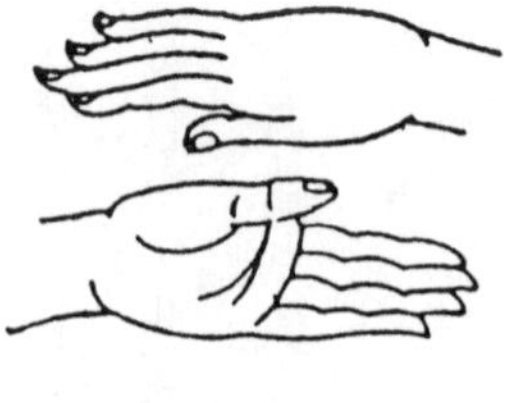

此印為無盡意菩薩在金剛界成身會中之手印。

【真言】

唵① 阿乞叉摩底② 吉彌也③ 娑嚩賀④

oṃ① akṣayamati② jña③ svāhā④

日光菩薩

日光菩薩

種子字：ㄎ（ka）

日光菩薩（梵名 surya-prabha），又稱作日光遍照。是藥師佛的左脇侍。與右脇侍月光菩薩在東方淨琉璃國土中，並爲藥師佛的兩大輔佐，也是藥師佛國中，無量菩薩眾的上首菩薩。

日光菩薩的名號，是取自「日放千光，遍照天下，普破冥暗」的意思。此菩薩依其慈悲本願，普施三昧，照耀法界俗塵，摧破生死闇冥，猶如日光之遍照世間，故取此名。

日光菩薩與藥師佛的關係很深遠。在久遠的過去世中，電光如來行化於世間。當時有一位梵士，養育二子。父子三人有感於世間的濁亂，於是發起菩提心，誓願拯救病苦眾生。

電光如來對他們非常讚嘆，即爲梵士改名爲醫王，二子改名爲日照、月照。這位蒙受電光如來咐囑的梵士，成佛之後就是藥師如來。二位兒子也就是日光、月光兩大脇侍。而日照就是日光菩薩。

⊙日光菩薩手印

兩手食指尖及拇指尖相接，餘三指張開，如日輪放光狀。

【真言】

唵① 蘇利耶波羅嚩耶② 娑嚩訶③

oṃ① sūryaprabhāya② svāhā③

月光菩薩

月光菩薩

種子字：（ca）

月光菩薩（梵名 Candra-prabha），又作月淨菩薩、月光遍照菩薩。與日光菩薩同爲藥師佛的二大脇士之一。根據《藥師如來本願經》記載，月光菩薩與日光菩薩同爲無量無數菩薩眾之上首，次補佛處，受持藥師如來之正法寶藏。

在《覺禪鈔》中說：過去世電光如來時，有一梵士醫王，養育日照、月照二子，發心願利樂眾生，二子亦發願供養。梵士醫王即今之藥師如來，二子即日光、月光二菩薩。此尊於胎藏界曼荼羅位文殊院中，亦爲金剛界曼荼羅賢劫十六尊之一，密號清涼金剛、適悅金剛。

◎月光菩薩手印

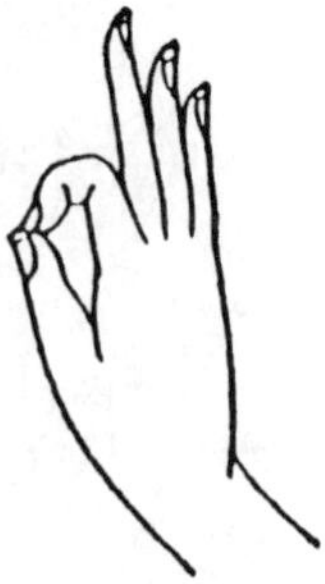

右手豎掌，大拇指與食指相捻，名執蓮華印。

【真言】

南麼① 三曼多勃多喃② 贊捺羅鉢羅婆野③ 娑縛賀④

namaḥ① samanta-buddhānāṃ② candraprabhāya③ svāhā④

不空見菩薩

不空見菩薩

種子字：𑖀𑖾（aḥ）

不空見菩薩（梵名 Amoghadarśin）又作不空眼菩薩、正流菩薩，爲賢劫十六尊之一。

在金剛界曼荼羅三昧耶、微細、供養、降三世、降三世三昧耶等諸會中，位於第一重東方金剛鉤菩薩之北。此菩薩以五眼普觀法界眾生之平等差別，能除一切惡趣，使其轉趣正直善道，不滅涅槃，所以稱爲不空見菩薩。

◎不空見菩薩手印——佛眼印

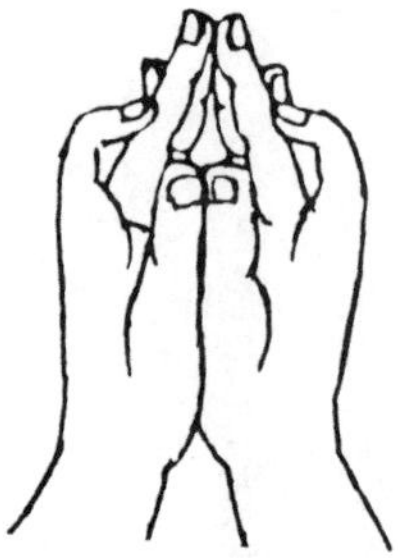

雙手虛心合掌，兩食指稍微彎曲，各捻兩中指第二節之背側。

【真言】

唵① 阿目佉娜㗚捨曩野② 噁③ 娑嚩賀④

oṁ① amoghadrśanāya② aḥ③ svāhā④

滅惡趣菩薩

滅惡趣菩薩

種子字：ध्वं（dhvaṃ）

滅惡趣菩薩（梵名 Sarvāpāyajaha），又作破惡趣菩薩、捨惡道菩薩、除惡趣菩薩。爲金剛界曼荼羅賢劫十六尊之一。

⊙滅惡趣菩薩手印

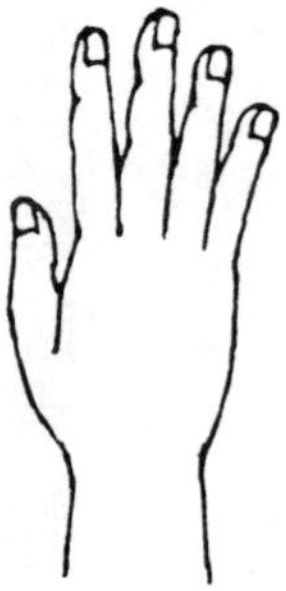

右手伸五指上舉，左手握拳當腰。

【真言】

唵① 薩嚩播野惹憾② 特憎③ 娑嚩賀④

oṁ① sarvāpāya-jaha② dhvaṃ③ svāhā④

除憂闇菩薩

除憂闇菩薩

種子字：𑖀𑖽（aṃ）

除憂闇菩薩（梵名Sokatamonirghātana），音譯薩嚩戍迦怛母儞㗚伽多，又稱樂摧一切黑闇憂惱、除一切暗、除憂、除憂惱、覺清淨。爲金剛界曼荼羅賢劫十六尊中，東面南端之尊。此尊以除一切眾生之憂惱冥闇爲本誓。

⊙除憂闇菩薩手印——梵篋印

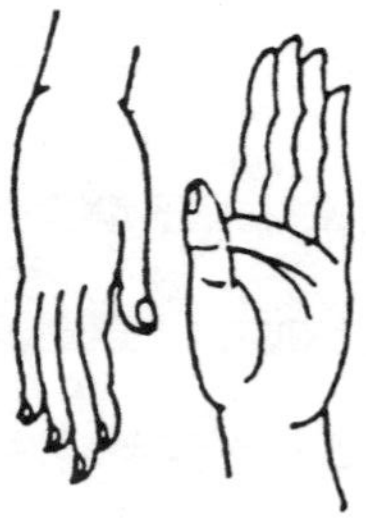

雙手舒掌，左手仰掌，右手覆於上，手掌微彎曲。

【真言】

唵① 薩縛② 輸迦多謨③ 涅伽多曩④ 摩多曳⑤ 暗⑥ 娑縛賀⑦

oṃ① sarva② śokatamo③ nirghātana④ mataye⑤ aṃ⑥ svāhā⑦

香象菩薩

香象菩薩

種子字：（gaḥ）

香象菩薩（梵名Gandhahastin），音譯爲乾陀訶提菩薩、健陀訶娑底菩薩；又作香惠菩薩、赤色菩薩、不可息菩薩。賢劫千佛之一。香爲遍滿無礙之義；象表行足大力之義。「香象」即表諸行果滿。

依據《諸尊便覽》記載，香象菩薩身白綠色，左手作拳，右手舉香象。在《金剛界七集》中則說，兩手持鉢。而《淨諸惡趣經》說，身白綠色，光焰熾盛，右手舉香象，左手安於腰側。

⊙香象菩薩—鉢印

兩手虛心合掌，姆指張開，如掬水狀。

【真言】

唵① 孍馱賀悉底② 虐③ 娑縛賀④

oṃ① gandhahastini② gaḥ③ svāhā④

大精進菩薩

大精進菩薩

種子字：（vi）

大精進菩薩（梵名 Sūra, Sūraṃgama）又稱勇猛菩薩，爲賢劫十六尊之一，爲密教金剛界曼荼羅三昧耶會、微細會、供養會、降三世羯磨會等各外院方壇南方四尊中的第二位菩薩。其尊形依據《諸尊便覽》記載，爲身白玻璃色，左手作拳當腰，右手持鏘戟。

⊙大精進菩薩手印

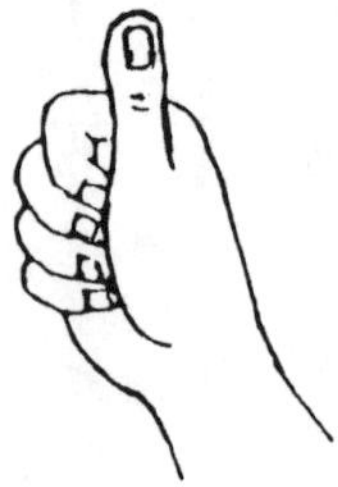

右手作拳，拇指豎立，舉與頭齊。

【真言】

唵① 戍囉野② 尾③ 娑嚩賀④

oṃ① śūrāya② vi③ svāhā④

智幢菩薩

智幢菩薩

種子字：ञ（traṃ）

智幢菩薩（梵名 Jñānaketu），音譯爲枳孃計都，又稱常恆菩薩、常利益菩薩，爲賢劫十六尊之一。此菩薩本際之智光常住不滅，本性清淨而能摧破戲論，遍照十方，故有此稱。

⊙智幢菩薩手印——金剛幢羯磨印

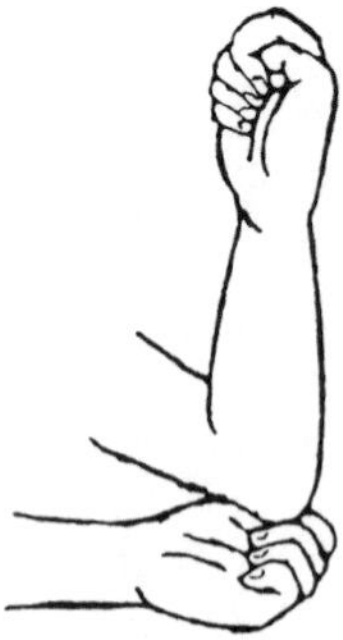

兩手握金剛拳，左手拳心向上，右手屈臂豎於左拳上，如幢貌。

【真言】

唵① 誐惹 曩計妬② 怛藍③ 娑嚩賀④

oṃ① jñānaketu② trāṃ③ svāhā④

無量光菩薩

無量光菩薩

種子字：𑖀（a）

無量光菩薩（梵名 Amitaprabha），賢劫千佛之一，以無量之慧光，普照十方而名之。在《淨諸惡趣經》中，此菩薩又名甘露光（Amṛtaprabha）。其尊形在《淨諸惡趣經》中說，身呈月色，右手持甘露瓶，左手作拳安於腰側。

⊙無量光菩薩手印——鉢印

兩手虛心合掌，姆指分開，如掬水狀。

【真言】

唵① 阿弭哆鉢囉婆② 阿③ 娑嚩賀④

oṃ① amitaprabha② a③ svāhā④

賢護菩薩

賢護菩薩

種子字：（pṛ）

賢護菩薩（梵名 Bhadrapāla），爲賢劫十六尊之一。梵名音譯爲跋捺羅波羅菩薩、跋陀波羅菩薩等；又稱爲賢護長者、賢護勝上童具、善守菩薩或賢守菩薩。依日本·圓仁之《金剛頂大教王經疏》卷二中所說：「爲諸群生化導之主，能守護之，不過時處，說法相應，離煩惱垢，令得覩見本際清淨法界曼荼羅身。故爲主宰。稱爲功護，亦爲利垢者即是賢護也。」

其尊形爲呈紅色之女形，左手握拳安於膝上，右手捧持賢瓶坐於蓮花上。女形表定德，紅色表慈悲，賢瓶表護持眾生清淨之智水，故於此尊形歷然自顯大定、悲、智之三德。此尊因善護眾生之佛知見，所以又名巧護金剛。

⊙賢護菩薩手印

右金剛拳，大指如寶瓶，左拳安腰。

【真言】

唵① 婆捺囉播囉② 鉢哩③ 娑嚩賀④

oṃ① bhadrapāla② pṛ③ svāhā④

第三章 觀音部的手印

聖觀音

聖觀音

種子字：ས（sa）或 ཧྲཱིཿ（hrīḥ）

聖觀音（梵名Avalokiteśvara），梵名音譯爲阿縛盧枳多濕伐羅，又稱作正觀音、大聖觀自在、大悲聖者、大精進觀世自在等名。即是一般所說的觀自在菩薩。在與救度六道配合時，就是救度餓鬼道眾生的主尊。

《法華經》〈普門品〉說：「若有無量百千萬億眾生受諸苦惱，聞是觀世音菩薩，一心稱名，觀世音菩薩即時觀其音聲，皆得解脫。」可見其法門的廣大，與悲願的弘深。

觀世音菩薩以大悲救度爲主要的德行，但是蘊藏於大悲之後的，乃是無邊的大智，所以在中國佛教界廣爲流行的《般若心經》，即是由觀世音菩薩所宣說，所謂：「觀自在菩薩，行深般若波羅蜜多時，照見五蘊皆空，度一切苦厄。」即可略窺其甚深般若妙行。

總之，觀世音菩薩是無限的慈悲心與般若正智，圓融無二的具體表現，他無剎不應的示現，也使其成爲與我們娑婆世界眾生最爲相契的菩薩。俗語說：「家家阿彌陀，戶戶觀世音」正是這種現象的最佳寫照。

在胎藏、金剛界二界中，聖觀音分屬在不同地方：在胎藏界曼荼羅裡分別位在中台八葉院、蓮華部院（觀音院）、釋迦院、文殊院等四院，都名爲觀自在菩薩。金剛界中則稱爲金剛法菩薩。他們具有各自的形象、印相及三昧耶形。

⊙聖觀音手印(一)——蓮花部心印

雙手內縛，右手拇指伸直，稱之為蓮花部心印。

【真言】

南麼① 三曼多② 勃馱喃③ 薩婆怛他蘖多④ 阿縛路吉多⑤ 羯嚕儜⑥ 末耶⑦ 囉囉囉⑧ 吽⑨ 闍⑩

namaḥ① samanta② buddhānāṃ③ sarva-tathāgata④ avalo-kita⑤ karuṇa⑥ maya⑦ ra-ra-ra⑧ hūṃ⑨ jaḥ⑩

⊙聖觀音手印(二)

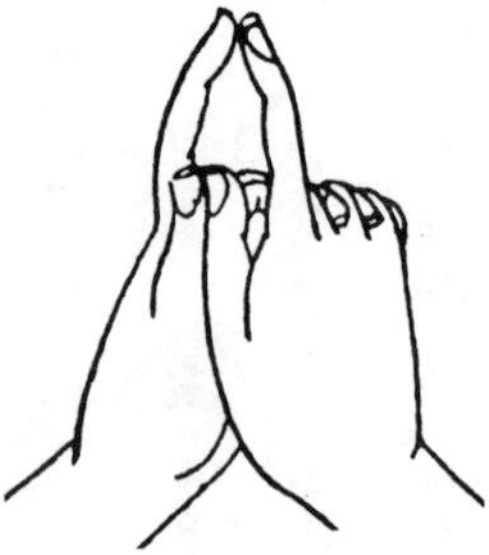

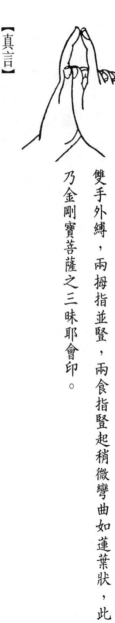

雙手外縛，兩拇指並豎，兩食指豎起稍微彎曲如蓮葉狀，此乃金剛寶菩薩之三昧耶會印。

【真言】

南麼① 三曼多② 勃馱喃③ 薩婆怛他蘖多④ 阿縛路吉多⑤ 羯嚕儜⑥ 末耶⑦ 囉囉囉⑧ 吽⑨ 闍⑩

namaḥ① samanta② buddhānāṃ③ sarva-tathāgata④ avalo-kita⑤ karuṇa⑥ maya⑦ ra-ra-ra⑧ hūṃ⑨ jaḥ⑩

⊙觀自在菩薩手印

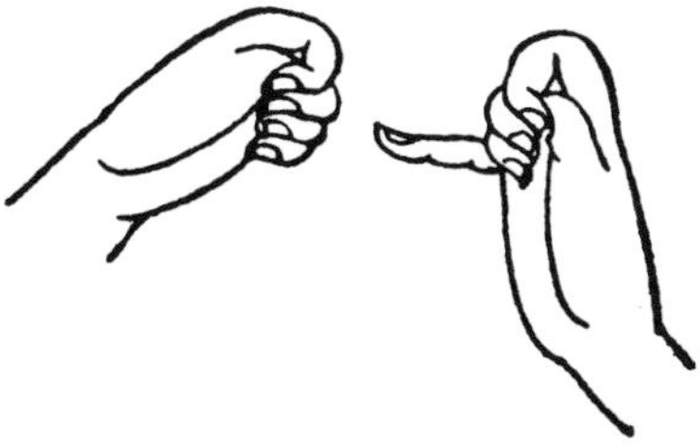

出自理趣經四段，即雙手各作金剛拳，左拳仰按於左乳附近，右拳覆，伸出小指，以指端把左手五指，從小指開始逐一打開，繼之在左掌中用右小指抓三次，先是中指，而後無名指，最後是小指。左手表示眾生界，手指逐一開啟，即有打開眾生心蓮之意。

⊙金剛法菩薩手印（成身會）

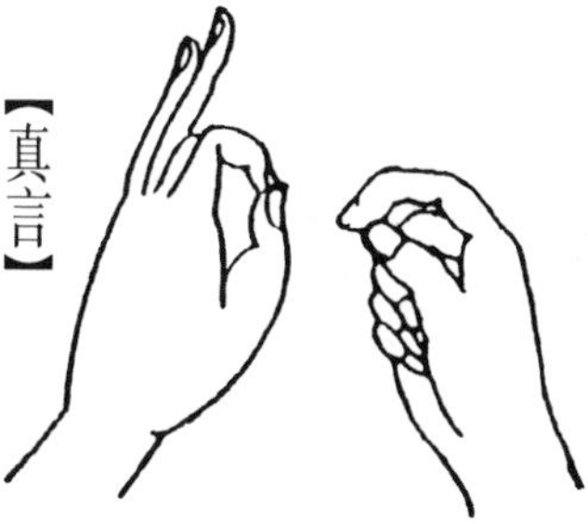

觀世音菩薩在金剛界中，即為金剛法菩薩。此為金剛界曼荼羅成身會中金剛法菩薩手印，即左手持蓮華，右手持一瓣作開敷勢。

【真言】

唵① 縛日囉達摩② 紇哩③

oṃ① vajradharma② hrīḥ③

⊙金剛法菩薩手印（三昧耶會）

此為金剛法菩薩在金剛界曼荼羅三昧耶會中之手印，結法為外縛，二拇指並立，二食指屈如蓮華。

【真言】

薩嚩① 迦哩②

sarva① kāri②

⊙金剛法菩薩手印（四印會）

此為金剛界曼荼羅四印會中金剛法菩薩之手印。結法為雙手外縛，中指伸如蓮華形。

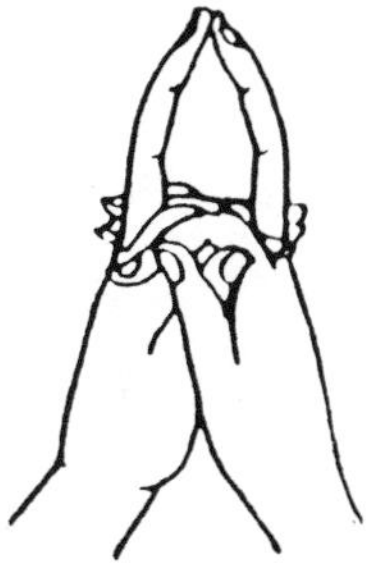

【真言】

彌瑟鉢囉半左縛吉悉地① 婆嚩覩② 薩嚩怛他蘖多三滿達喻③ 銘阿惹野擔④

niṣprapañca-vāksiddhir① bhavatu② sarva-tathāgata-samādhayo③ meājayantām④

準提觀音

準提觀音

種子字：ᗺ（bu）

準提觀音即準提菩薩（梵名Cundī），準提意譯作清淨，是護持佛法，並能爲眾生延壽護命的菩薩。又作准提觀音、准提佛母、佛母準提、尊那佛母、七俱胝佛母等。以其爲蓮華部之母，司蓮華部諸尊功德之德，故稱佛母尊。

日本台密以準提爲佛部之尊，東密則以準提爲六觀音之一，以救度人間眾生爲主，在天台宗又被稱爲天人丈夫觀音。但不管是屬於何部，在中日兩國佛教徒的心目中，準提菩薩是一位感應極大，對崇拜者無限關懷的偉大菩薩。

以此尊爲本尊之修法，稱爲準提法、準提獨部法，能爲除災、祈求聰明、治病等所修的法門。依據《七俱胝佛母准提大明陀羅尼經》等所記載，誦持准提陀羅尼，能得諸佛菩薩庇護，生生世世離諸惡趣，速證無上菩提。

⊙準提菩薩根本印(一)

兩手小指、無名指向內交叉，二中指申豎，指端相抵，將兩食指端依附在兩中指之上節側面，而把兩拇指各依附於兩食指指側，此印又名為三股印，三股即面上的三目，以表示佛、蓮、金等三部，或者是將拇指、食指、中指、無名指、小指配做法界體性，與大圓鏡、平等性、妙觀察、成所作智的五智配之。

【真言】

南無① 颯哆喃三藐三勃陀俱胝南② 怛姪他③ 唵④ 折隸⑤ 主隸⑥ 准提⑦ 莎訶⑧

namaḥ① saptānaṁ-samyaksambuddha-koṭīnāṁ② tadyatā③ oṁ④
cale⑤ cule⑥ śundhe⑦ svāhā⑧

◎準提菩薩根本印㈡—甲冑印

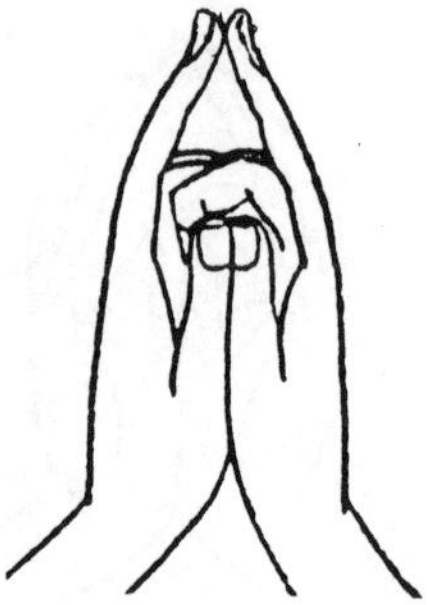

雙手內縛，兩拇指及兩食指並立，此印又名為甲冑印。

【真言】

唵① 迦麼黎② 尾麼黎③ 准泥④ 娑嚩賀⑤

oṁ① kamale② vīmale③ śundhe④ svāhā⑤

千手觀音

千手觀音

種子字：𑖮𑖿𑖨𑖱𑖾（hrīḥ）或𑖭（sa）

千手觀音（梵名Avalokitesvara-sahasrabhuja-lo-cana），是指具有千手、千眼，每一手掌各有一眼的觀音菩薩，又稱千手千眼觀自在、千手聖觀自在、千光觀自在，或稱千眼千首千足千舌千臂觀自在。在六觀音中，是主救度地獄道一切眾生的怙主。

在《千光眼觀自在菩薩祕密法經》中說：「大悲觀自在，具足百千手，其眼亦復然，作世間父母，能施眾生願。」這裏的「千」，是代表無量、圓滿之義。

也就是「千手」象徵此觀音大悲利他的方便無量廣大，「千眼」象徵他應物化導時，觀察機根的智慧圓滿無礙。

此尊是蓮華部（或稱觀音部，爲密教金剛界五部之一，或胎藏界三部之一）果德之尊，故稱蓮華王。蓮華部皆以大悲爲本誓，但以此尊爲蓮華王，故特以大悲金剛爲密號。位列於胎藏界曼荼羅虛空藏院內，表蓮華部之德。

⊙千手觀音手印——八葉印

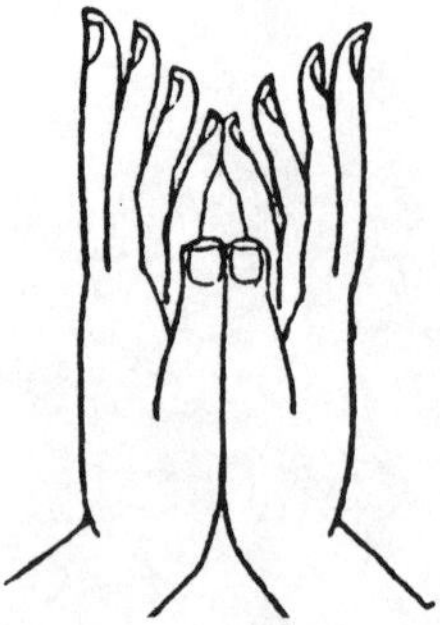

虛心合掌，兩手拇指、中指、無名指各自打開，讓指間留有空隙，彼此不相依附，意表綻開的蓮華。

⊙千手觀音根本印——蓮花五股印

二手金剛合掌，手背稍微彎曲而相離，兩中指指端相對，伸展兩拇指、小指，此印又稱為蓮花五股印、九山八海印、補陀落九峰印。

【真言】

唵① 縛日羅② 達磨③ 紇哩④（胎藏界）

oṃ① vajra② dharma③ hrīḥ④

如意輪觀音

如意輪觀音

種子字：（hrīḥ）

如意輪觀音（梵名Cintāmaṇi-cakra），梵名音譯爲振多摩尼。其尊名中的Cintā是思惟、所望、願望的意思，mani爲寶珠之義，cakra可譯作圓或輪。因此意譯爲所願寶珠輪或如意珠輪，而自古以來多譯作如意輪、如意輪王。以此菩薩安住「如意寶珠三昧」，可如意出生無數珍寶，常轉法輪，攝化有情，如願授與富貴、財產、智慧、勢力、威德等而名之。全稱爲如意輪觀世音菩薩，又稱作如意輪菩薩、如意輪王菩薩。密號持寶金剛或與願金剛。

如意輪觀音一手持如意寶珠，象徵能生世間與出世間的二種財寶，以布施眾生；一手持金輪，象徵能轉動無上妙法以度眾生。

⊙如意輪根本印

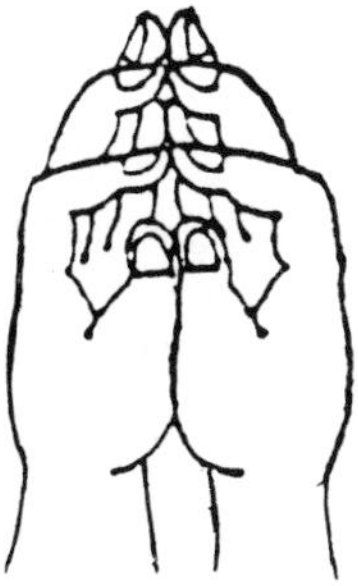

雙手虛心合掌，兩拇指彎曲如寶形，兩中指亦彎曲如蓮葉狀，其餘各指指端相合如幢。至此，幢上有蓮，蓮上有寶珠，又因中指為火，火大為赤色，故以此表示紅蓮花，而兩拇指成寶形，是因如意輪為蓮花部之寶菩薩，故以此形表示本尊如意輪；此外，如意輪置於幢上，則表示自證化他之德。

【真言】

唵① 跛娜麼② 振多麼抳③ 入嚩攞④ 吽⑤

oṃ① padma② cinta-maṇi③ jvala④ hūṃ⑤

⊙如意輪心中心印

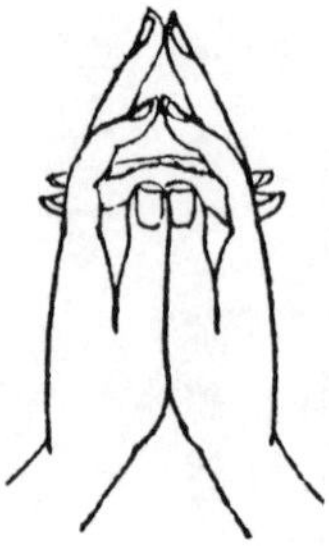

同前述根本印，中指外相叉，小指橫豎。此印有蓮花寶珠輪，為最深秘之印。

【真言】

唵① 縛羅娜② 跛納銘③ 吽④

oṃ① varaṇa② padme③ hūṃ④

⊙如意輪隨心印

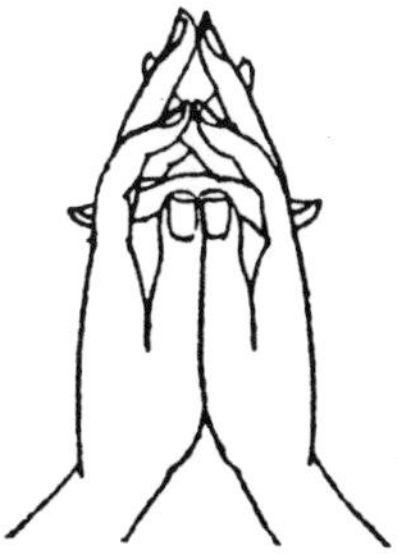

同前述之根本印之結法，兩中指外縛，兩小指橫相交；或是雙手外縛，兩食指豎起，指端相合如寶形，兩拇指、無名指各自豎起成為幢狀，兩小指相交叉。此即從自證（心印）而生化他之心（心中心印）之義，亦是順應眾生之心化益之義（隨心印）。

【真言】

唵① 縛羅娜② 跛納銘③ 吽④

oṃ① varaṇa② padme③ hūṃ④

◎如意輪塔印

雙手虛心合掌，兩拇指併豎，而後縮至兩中指之根部，兩食指彎曲輕捻兩拇指指端。此印有未敷蓮花合掌、金剛合掌為印母的說法，又兩拇指之開閉，有開塔印及閉塔印之別。

十一面觀音

十一面觀音

種子字：𑖎（ka）或𑖭（sa）或𑖮𑖿𑖨𑖱𑖾（hrīḥ）

十一面觀音（梵名Ekadasa-mukba），六觀音之一，在六道中主救度阿修羅道的一切眾生，全稱爲十一面觀音菩薩，是觀世音菩薩的化身。其梵名的意譯爲十一最勝，或十一首，有時又稱爲大光普照觀音。由於形像具有十一頭面，所以通稱爲十一面觀音。

十一面觀音菩薩的名號，是由其神咒而來。該神咒爲「十一面觀世音神咒」，爲十一億佛陀所說，威力甚大。

根據《佛說十一面觀世音神咒經》記載：「時觀世音菩薩白佛言，世尊，我有心咒，名十一面。此心咒十一億諸佛所說，我今說之，爲一切眾生故，欲令一切眾生念善法故，欲令一切眾生無憂惱故，欲除一切眾生病故，爲一切障難災怪惡夢欲除滅故，欲除一切橫病故，欲除一切諸惡心者令調柔故，欲除一切諸魔鬼障難不起故。」由此可知此神咒之廣大功德勢力。

◎十一面觀音根本印

金剛合掌，十指相交，舉至頂上，觀想十指為十面合自己的一面，共為十一面，乃行者成為十一面觀音之義。

【真言】

唵① 嚕雞② 入嚩羅③ 紇哩④

oṁ① loke② jvala③ hrīḥ④

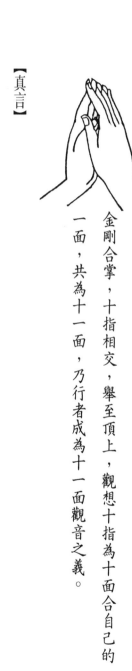

馬頭觀音

馬頭觀音

種子字：（haṁ）或（khā）或（hūṁ）

馬頭觀音（梵名 Hayagrīva），梵名音譯作賀野紇哩縛、阿耶揭唎婆、何耶揭唎婆，意譯爲大力持明王。此尊爲八大明王之一，是密教胎藏界三部明王中，蓮華部的忿怒持明王。位於胎藏現圖曼荼羅觀音院內，又稱爲馬頭大士、馬頭明王、馬頭金剛明王，俗稱馬頭尊。密號爲噉食金剛、迅速金剛，與《摩訶止觀》中所說六觀音的師子無畏觀音相配，在六道中是畜生道的救護主。

馬頭明王以觀音菩薩爲自性身，示現大忿怒形，置馬頭於頂，爲觀世音菩薩的變化身之一。因爲慈悲心重，所以摧滅一切魔障，以大威日輪照破眾生的暗冥，噉食眾生的無明煩惱。

以此菩薩爲本尊，爲祈禱調伏惡人、眾病息除、怨敵退散、議論得勝而修之法，稱馬頭法。其三昧耶形爲白馬頭，印相爲馬頭印。

⊙馬頭觀音最勝根本印——馬頭印

雙手虛心合掌（或為蓮花合掌），兩食指彎曲合甲，置於兩拇指之下，兩拇指伸豎並立稍仰其甲。

【真言】

南麼① 三曼多勃馱喃② 佉娜也③ 畔若④ 娑破吒也⑤ 莎訶⑥

namaḥ① samanta-buddhānāṃ② khādaya③ bhañja④ sphāṭaya⑤ svāhā⑥

⊙馬頭觀音手印(二)

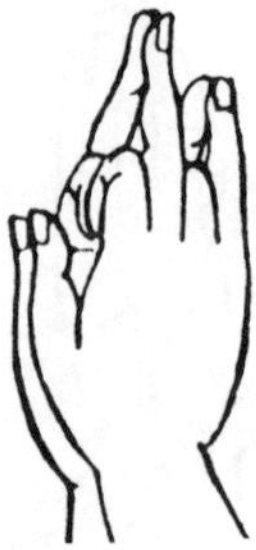

雙手虛心合掌（蓮花合掌），兩食指、無名指彎曲指甲相合，曲入掌中，兩拇指稍微彎曲，同前述馬頭印僅無名指稍有差異。此印表示三昧耶形，兩小指是耳，兩無名指是眼，兩中指為鼻，此外兩食指、拇指之間表示馬口。又蓮花合掌是觀音之大悲三昧，無名指為大悲甘露水，食指即是大願之風灑以甘露法水，有洗滌眾生藏識中雜染種子之義，拇指為大空三昧，有啾盡雜染種之義。

【真言】

(1)唵① 阿蜜哩都納婆嚩② 鉾發吒③ 娑嚩訶④

oṁ① amṛtodbhava② hūṁ-phaṭ③ svāhā④

(2)南麼① 三曼多勃馱喃② 佉娜也③ 畔若④ 娑破吒也⑤ 莎訶⑥（胎藏觀

音院）

namaḥ① samanta-buddhānāṃ② khādaya③ bhañja④ sphāṭaya⑤ svāhā⑥

⊙馬頭觀音手印㈢—攝毒印一

兩手內縛，兩拇指並豎，傾壓兩食指之中節。又雙手內縛，將兩拇指豎起，上節稍微彎曲，又名為攝一切諸毒印。真言同前(一)。

⊙馬頭觀音手印㈣—攝毒印二

金剛合掌，兩中指豎立，指端相合，兩食指各鉤無名指，再以食指傾壓中指上節，兩小指並豎置於掌中，而將兩拇指並豎起來與小指聚攏，以觀想噉食惡業煩惱不祥之厄難，用拇指來噉食三次，此印又名為惡難噉食印。真言同前。

不空羂索觀音

不空羂索觀音

種子字：（mo）或（sa）或（hūṁ）

不空羂索觀音（梵名 Amogha-pāśa），全稱爲不空羂索觀世音菩薩；又稱不空王觀世音菩薩、不空廣大明王觀世音菩薩、不空悉地王觀世音菩薩、不空羂索菩薩。密號爲等引金剛。以「不空羂索」爲名，是象徵觀世音菩薩以慈悲的羂索，救度化導眾生，其心願不會落空的意思。

依《不空羂索神變真言經》所傳，在過去第九十一劫最後劫，觀世音菩薩曾經接受世間自在王如來的傳授，而學得不空羂索心王母陀羅尼。並於初得此陀羅尼時，即證得十百千不空無惑智莊嚴首三摩地門，由此真言之力，現見十方無量無數種種剎土諸佛如來所有會眾，而皆供養聽聞深法，輾轉教化無量有情，皆得發趣無上菩提。此後，觀世音菩薩即常以該真言教法，化導無量百千眾生。因此，當觀世音菩薩示現化身，以此法救度眾生時，便稱爲不空羂索觀音。

⊙不空羂索觀音手印

雙手蓮花合掌，兩食指、拇指外縛，右拇指伸至左拇指、食指之間（虎口），又名為蓮花羂索印。蓮花合掌表示蓮花部之本，為本有自性的蓮花。而拇指、食指四指外縛，則作索端蓮花觀之，索即表示本誓與四種索，如世間漁夫釣魚一般，濟度極惡的眾生。

【真言】

唵① 阿慕伽② 毗闍耶③ 鉡泮吒④

oṁ① amogha② vijaya③ hūṁ phaṭ④

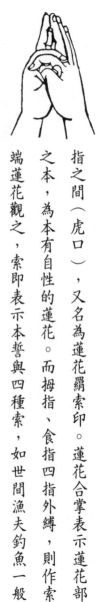

青頸觀音

青頸觀音

種子字：（hrīḥ）或（sa）

青頸觀音（梵名Nilakaṇṭha），梵名音譯爲抳羅健詑、儞攞建制。又稱爲青頸觀自在菩薩。是觀音菩薩化身之一，屬三十三觀音之一。

有說法認爲青頸（Nila-kaṇṭha）一詞，應與濕婆神的傳說有關，相傳有諸天神攪動乳海欲求甘露，在海中發現了毒壺，這時濕婆神惟恐此毒壺會毒害眾生，所以發起大悲心，自己吞下了毒壺，因爲毒害發作的緣故，所以頸項變爲青色。

經中說如果有眾生憶念此觀音，則能遠離怖畏厄難，得以解脫眾苦。以此尊爲本尊，作祈願除病、滅罪、延命等，而修持的祕法，稱爲青頸觀音法。據《青頸大悲念誦儀軌》記載，其身色爲紅白，頸爲青色，代表煩惱即菩提之義。

⊙青頸觀音手印(一)

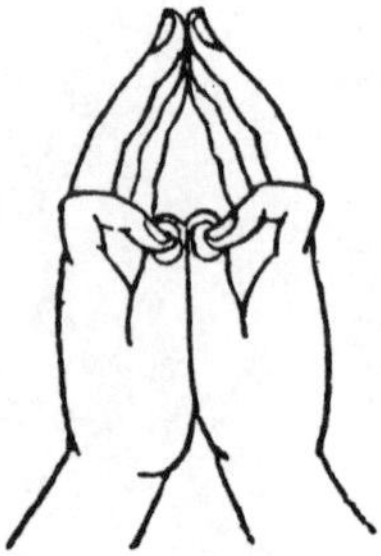

虛心合掌，兩拇指並立置於掌內，彎曲兩食指而各握拇指之指上節，兩中指、無名指、小指指端立合如圓。其兩中指表蓮葉，兩食指各紋拇指是為螺，而兩無名指豎立即為杖，兩小指相交則是輪，如是一印具足四種。

【真言】

唵① 鉢頭米② 儞攞建制③ 濕縛囉④ 步嚕步嚕⑤ 吽⑥

oṃ① padme② nīla-kaṇṭhe③ śvara④ bhru-bhru⑤ hūṃ⑥

⊙青頸觀音手印(二)——大悲心印

虛心合掌，兩食指彎曲各紋兩拇指之第二節，兩中指豎起，指端相合，兩無名指豎立，而雙手小指直立相合。如此兩中指為蓮葉，而以兩食指紋拇指是為螺，兩無名指作圓即表為輪，此外兩小指直立即為杖，如是一印足具四種。

葉衣觀音

葉衣觀音

種子字：（sa）或（hūṃ）

葉衣觀音（梵名 Parṇaśavari），梵名爲披葉衣的意思。又稱爲葉衣觀自在菩薩、被葉衣觀音、葉衣菩薩。是觀音的變化身之一，三十三觀音之一。因全身裹於蓮葉中，所以稱葉衣觀音。在胎藏曼荼羅中位列觀音院，密號異行金剛。

依據《葉衣觀自在菩薩經》中所述，葉衣觀自在菩薩摩訶薩陀羅尼乃觀自在菩薩在極樂世界的法會中，應金剛手菩薩的請求而宣說的。經中並說此陀羅尼不但能除諸有情之疫疾飢儉、劫賊刀兵、水旱不調、宿曜失序等一切災禍，並有增長福德、國界豐盛、人民安樂等殊勝功德。

⊙葉衣八葉印

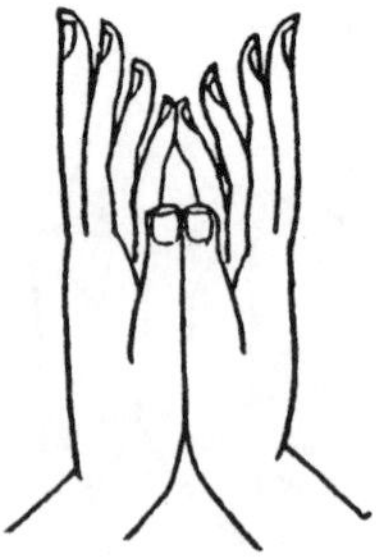

虛心合掌，雙手拇指、中指、無名指各自打開，讓指間留有空隙，彼此不相依附，表示綻開的蓮。

【真言】

唵① 跛哩娜捨嚩哩② 吽發吒③

oṁ① Parṇaśvari② hūṁ phaṭ③

白衣觀音

白衣觀音

種子字：（paṃ）或（sa）

白衣觀音（梵名 Pāṇḍaravāsini），爲三十三觀音之一。梵名音譯作半拏囉嚩悉寧。意譯爲白處、白住處，以此尊常住白蓮華中而名之。又稱爲白處尊菩薩、大白衣觀音、服白衣觀音、白衣觀自在母。在《大日經疏》卷十則說：「白者即是菩提之心，住此菩提之心，即是白住處也。此菩提心從佛境界生，常住此能生諸佛也。此是觀音母，即蓮花部主也。」

以白衣觀音爲本尊，而祈請息災延命的修法，稱爲白衣觀音法或白處尊法。

◉白衣觀音手印

雙手內縛，兩食指中豎，指端相對成圓，兩拇指並豎。兩食指即是蓮花葉，兩拇指是為菩薩身而處於蓮花中。

◉白處尊印

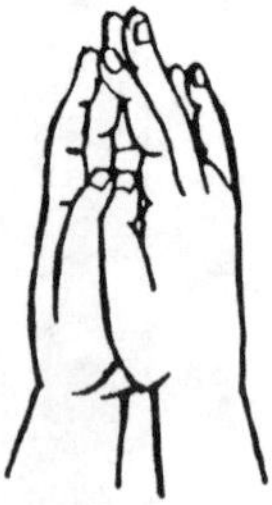

兩手虛心合掌，二無名指屈入掌中，二拇指並豎觸二無名指。表此尊為蓮華部部母，能生蓮華部諸尊。

【真言】

南麼① 三曼多勃馱喃② 怛他蘖多微灑也③ 三婆吠④ 鉢曇摩摩履儞⑤ 莎訶⑥

namaḥ① samanta-buddhānāṁ② tathāgata-viṣaya③ sambhave④ padma-mālini⑤ svāhā⑥

第四章 明王部的手印

不動明王

不動明王

種子字：（hmmāṁ）或（hāṁ）或（hūṁ）

不動明王（梵名 Acalanātha），五大明王之一或八大明王之一，又稱不動金剛明王、無動尊，密號為常住金剛。

依《大日經疏》卷五所敍，不動尊雖久已成佛，但以三昧耶本誓願故，示現奴僕三昧，為如來僮僕，執作眾務，所以又名不動使者、無動使者，受行者的殘食供養，晝夜擁護行者，令其成就圓滿菩提。其通常被視為是大日如來的應化身，受如來的教命，示現忿怒相，常住火生三昧，焚燒內外障難及諸穢垢，摧滅一切魔軍冤敵。

在《勝軍不動軌》中記載，本尊的誓願為「見我身者，得菩提心；聞我名者，斷惑修善；聞我說者，得大智慧；知我心者，即身成佛。」由此可見不動明王的廣大悲願一斑。

⊙不動根本印——獨鈷印

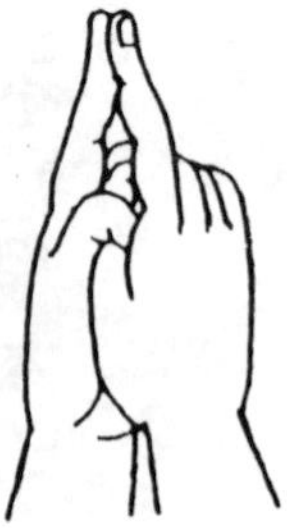

雙手內縛，兩食指豎合，以兩拇指壓無名指之甲，亦稱為針印。兩食指為劍，兩拇指、兩無名指為索之義，或是把兩無名指、中指為四魔，而以兩拇指傾壓為降伏四魔之義。

【真言】

南麼① 三曼多伐折囉赧② 悍③

namaḥ① samanta-vajrāṇāṃ② hāṃ③

⊙十四根本印之一——獨鈷

不動明王的手印，在《不動立印軌》、《不動使者法》、《底哩三昧耶經》等另舉出根本秘密乃至三鈷金剛印等十四根本印。第一根本印為獨鈷印。

【真言】

南麼① 三曼多伐折囉赧② 悍③

namaḥ① samanta- vajrāṇāṁ② hāṁ③

◎十四根本印之二──寶山印

雙手內縛，兩拇指置於掌內。為磐石座，表不動轉之義；於《底哩經》則作內縛，不言將兩拇指置於掌中。

【真言】

南麼① 三曼多伐折囉赧② 悍③

namaḥ① samanta- vajrāṇāṁ② hāṁ③

⊙十四根本印之三——頭印

雙手作金剛拳，右拳仰，左拳覆其上；此外，儀軌有言，以右或者是左手四指握拇指，而置於頭上，此乃結髮之形。

【真言】

南麼① 三曼多伐折囉赧② 悍③

namaḥ① samanta-vajrāṇāṃ② hāṃ③

⊙十四根本印之四——眼印

雙手內縛，兩拇指置於掌中，兩食指豎合，印於眼及眉間；表示三部智，或是兩部及不二之智眼。《底哩經》、《底哩法》是言髮髻印，翻轉此印旁於額即為眼印。諸儀軌各有所異同。

【真言】

南麼① 三曼多伐折囉赧② 悍③

namaḥ① samanta-vajrāṇāṁ② hāṁ③

⊙十四根本印之五——口印

兩小指內挾，兩無名指壓於小指之上，兩中指並伸，兩拇指加於各無名指之甲，亦把兩食指加於各中指之甲，將此印置於口。兩拇指是表下唇，兩中指、食指即為上唇，二者之間是為口形。此乃大空三昧之口，伸出之兩小指端則是二牙之形。

【真言】

南麼① 三曼多伐折囉赧② 悍③

namaḥ① samanta-vajrāṇāṁ② hāṁ③

⊙十四根本印之六——心印

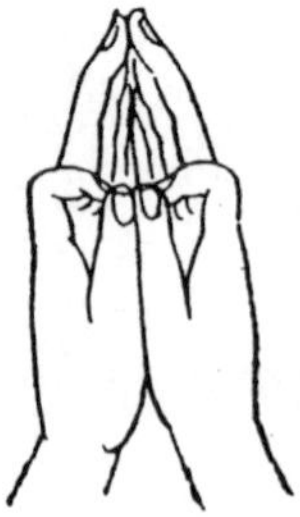

雙手虛心合掌，兩食指、拇指各為彈指狀。與大慧刀印之說同，心印是不動尊之乾栗馱心，表示心中之萬德。又有說，中指為佛部不動，兩食指是蓮金花部、金剛部二部的二使者。

【真言】

南麼① 三曼多伐折囉赧② 悍③

namaḥ① samanta-vajrāṇāṁ② hāṁ③

⊙十四根本印之七——甲印

雙手虛心合掌，兩中指豎立如幢狀。兩食指支拄中指之初節，兩無名指成寶形，兩小指、拇指各自散立。印於心、兩肩、喉四處，至於頂上而散印。以此印加持於身四處，成為不動身，亦稱為四處加持印。

【真言】

南麼① 三曼多伐折囉赧② 悍③

namaḥ① samanta-vajrāṇāṃ② hāṃ③

⊙十四根本印之八——師子奮迅印

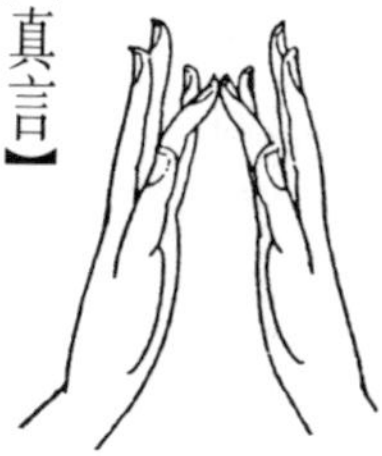

結法同前印，但把左食指豎立相離而搖動，右食指開立是為獅子奮迅之形。獅子乃表勇猛之菩提心。

【真言】

南麼① 三曼多伐折囉赧② 悍③

namaḥ① samanta-vajrāṇāṃ② hāṃ③

⊙十四根本印之九——火焰印

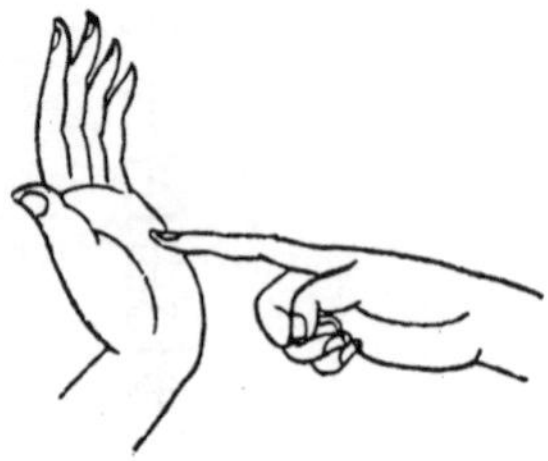

右手拇指壓於中指、無名指之甲上，食指豎起抵於左掌上，以右食指壓在中指根，即表示以佛大悲之風，發眾生之智。《底哩經》是以右拇指捻三指背，食指伸展指於左掌，左手五指伸展相離如火焰狀。

【真言】

南麼①　三曼多伐折囉赧②　悍③

namaḥ①　samanta- vajrāṇāṃ②　hāṃ③

⊙十四根本印之十——火焰輪止印

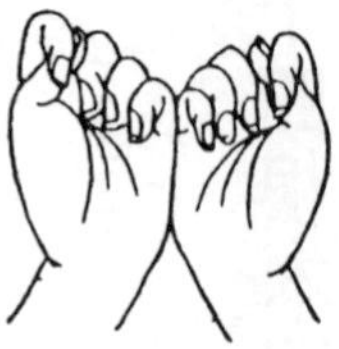

又名制火印、遮火印。握拳各拇指置於食指、中指之間，二拳背相合。拇指置於中指、食指之間，火則自滅，象徵以大空之智，滅除眾業煩惱之火。

【真言】

南麼① 三曼多伐折囉赧② 悍③

namaḥ① samanta-vajrāṇāṁ② hāṁ③

◎十四根本印之十一——商佉印

商佉即法螺，將左右各拇指壓於無名指、小指之上，兩中指豎合，右食指附於中指上節，而左食指豎立與中指相離。法螺表說法之義。

【真言】

南麼① 三曼多伐折囉赧② 悍③

namaḥ① samanta-vajrāṇāṁ② hāṁ③

◎十四根本印之十二——渴誐印（劍印）

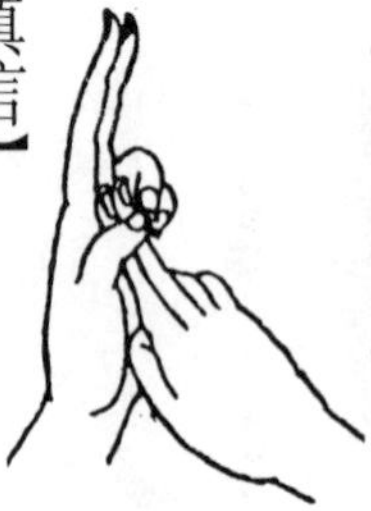

左手食指、中指各自伸展，而以拇指傾壓小指、無名指之指甲為刀鞘，右手同樣作刀狀，繼之將右手之刀置於左手鞘中。

【真言】

南麼① 三曼多伐折囉赧② 悍③

namaḥ① samanta- vajrāṇāṁ② hāṁ③

◎十四根本印之十三——羂索印

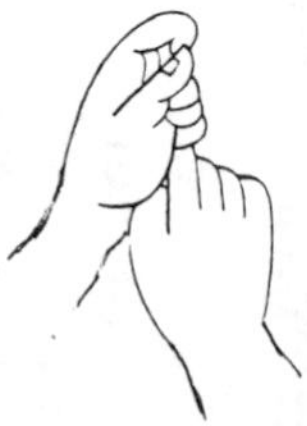

以右拇指加於無名指、中指及小指三指之甲上，右食指豎指置於左掌，以左掌之中指、無名指、小指握住，左手姆指相捻如環狀，此乃表明王所持之索。

【真言】

南麼① 三曼多伐折囉赧② 悍③

namaḥ① samanta-vajrāṇāṃ② hāṃ③

◎十四根本印之十四——三鈷金剛印

右姆指加於食指之甲上，其餘三指各自伸展如三鈷，《使者法》中稱為「無畏清淨印」。

【真言】

南麼① 三曼多伐折囉赧② 悍③

namaḥ① samanta-vajrāṇāṃ② hāṃ③

愛染明王

愛染明王

種子字：（hūṃ）或（hhūṃ）或（hoḥ）

愛染明王（梵名Rāga-rāja），密教本尊之一。漢譯有羅誐羅闍、愛染王等名。rāga一詞，原義是彩色、情欲的意思。所以在密教裏，此尊爲「愛欲貪染即淨菩提心」的象徵，故名愛染明王。而rāja又含有赤色的意義，因此，此尊多以全身赤色來象徵其懷愛的特德。

愛染明王象徵眾生的染愛情欲無非是清淨體性，染淨不二，而依此修習淨菩提心，此即煩惱即菩提之義。

修習愛染明王之法，主要是以調伏、敬愛與祈福爲主，尤以敬愛法爲甚。此法本是台密的祕法，後來東密、台密都共同修習。

⊙愛染王根本印

雙手為金剛拳內縛，兩中指豎起相交成染，印於心額喉頂，雙手拳是金剛界，內縛即胎藏界也。雙手相交定慧合符之義，為自身即本尊，此印為染印。

【真言】

唵① 摩賀羅誐② 縛日路瑟抳灑③ 縛日羅薩埵縛④ 弱⑤ 吽⑥ 鑁⑦ 穀⑧

oṁ① mahārāga② vajroṣṇīṣa③ vajrasattva④ jaḥ⑤ hūṁ⑥ ban⑦ hoḥ⑧

大威德明王

大威德明王

種子字：（hrīḥ）或（ṣṭhri）或（hūṃ）或（maṃ）

大威德明王（梵名 Yamāntaka），音譯爲閻曼德迦，意爲摧殺閻魔者，故別號降閻摩尊；密號爲威德金剛。又稱作大威德尊、六足尊。爲五大明王或八大明王之一。若擬配五佛，則爲無量壽佛的教令輪身，亦可視爲文殊菩薩的化現。

在現圖曼荼羅中，此尊位於胎藏界持明院，般若菩薩的左側。

在西藏密教中，大威德金剛則是無上密最高的本尊之一。與此尊相關的修法很多，其主要的作用大都是降伏、除魔與對治閻羅死魔等，是無上瑜伽部中，即身成就的主尊。在日本密教中以大威德明王爲本尊的修法，爲數亦不少。通常都用於戰爭時祈求勝利，及調伏惡人等。

⊙大威德根本印——棒印

雙手內相挾作拳，兩中指豎立，指端相合，槊形即表示為根本印，亦將此印命為棒印。

⊙大威德一心印

如前述之根本印，伸展兩食指，彎曲如三戟叉。

【真言】

嗡① 紇哩② 瑟置哩③ 尾訖哩多娜曩④ 吽⑤ 薩縛⑥ 設咄論⑦ 曩捨野⑧
塞擔婆野塞擔婆野⑨ 娑頗吒娑頗吒⑩ 娑嚩賀⑪

oṁ① hrīḥ② ṣṭhri③ vikrtānana④ hūṁ⑤ sarva⑥ śatruṁ⑦
naśaya⑧ stambhaya-stambhaya⑨ sphaṭ-sphaṭ⑩ svāhā⑪

⊙大威德心中心印

如前述之心印，兩食指直豎。

【真言】

嗡① 瑟置哩② 迦攞③ 嚕跛④ 吽⑤ 欠⑥ 娑縛賀⑦

oṁ① ṣṭri② hāla③ rūpa④ hūṁ⑤ khaṁ⑥ svāhā⑦

降三世明王

降三世明王

種子字：（huṁ）或（a）

降三世明王（梵名 Trailokya-vijaya），漢譯有勝三世、聖三世、月黶尊、金剛摧破者，忿怒持明王尊等名。是密教五大明王之一，擬配五方佛，則爲東方阿閦佛的教令輪身（忿怒身）。由於他能降伏眾生三世的貪瞋癡，及三界之主——大自在天，所以名爲降三世。

在金剛界曼荼羅中，呈金剛薩埵之忿怒形，爲大日如來所化現，居降三世會及降三世三昧耶會之東方月輪中。又，於胎藏界曼荼羅則居持明院中。

依密教所傳，修習降三世明王法的主要功能是調伏，尤其是降伏天魔，如果持誦此一明王的真言，則無量無邊魔界立刻會苦惱熱病。凡有意干擾修行者的諸魔眷屬，聽到此一明王的真言時，不但無法繼續作障，甚至成爲修行者的僕從。

修習此一明王法，亦能以此獲得打勝仗、除病、得人敬愛等功德。

⊙降三世（大印）

雙手作忿怒拳，左手為下，右手為上，手背相向，此時兩小指背向勾結，兩食指亦是背向豎立，左轉為辟除，右旋即為結界。

【真言】

唵① 蘇婆② 儞蘇婆③ 吽④ 蘖哩訶拏⑤ 蘖哩訶拏⑥ 吽⑦ 蘖哩訶拏⑧ 播野⑨ 吽⑩ 阿曩野⑪ 斛⑫ 婆誐鑁⑬ 縛日羅⑭ 吽發吒⑮

oṁ① sumbha② nisumbha③ hūṁ④ grihnā⑤ grihnā⑥ hūṁ⑦

grihnā⑧ paya⑨ hūṃ⑩ ānaya⑪ ho⑫ bhagavāṃ⑬ vajra⑭ hūṃ-phaṭ⑮

烏樞沙摩明王（穢跡金剛）

烏樞沙摩明王

種子字：（hūṃ）

烏樞沙摩明王（梵名Ucchuṣma），又作烏芻沙摩明王、烏樞瑟摩明王、烏素沙摩明王；亦稱穢跡金剛、火頭金剛、不淨金剛、受觸金剛、穢積金剛、不壞金剛、除穢忿怒尊等。是密教及禪宗所奉祀的忿怒尊之一，爲北方羯磨部的教令輪身。

據《慧琳音義》卷三十六所載，此明王的本願是噉盡一切物的不淨，具深淨大悲，不避穢觸，爲救護眾生，以如猛火般的大威光，燒除煩惱妄見、分別垢淨生滅之心。由於具有轉不淨爲清淨之特德，故常置於不淨處供奉。

以此明王爲本尊的修法稱爲烏蒭沙摩法，多用於祈求生產平安或祛除生產時的不淨，或是想要驅逐毒蛇、惡鬼等，亦可修此法。凡持誦此明王之神咒者，可得大功德，不但可得到除病、敬愛、避難、受福、敵伏等大利益，更可防禦枯木精、惡鬼、毒蛇等諸障礙。此外，有所謂烏萓沙摩明王變成男子法，可使女胎變爲男胎。

⊙烏樞沙摩身印

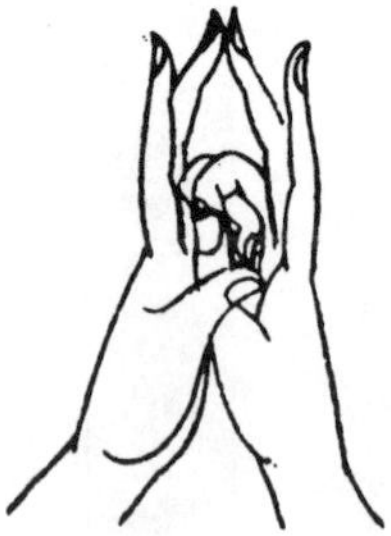

右手之無名指、小指從左手無名指背後插入至中指、無名指中間，以大拇指傾壓右手無名指、小指指甲，而握住左手無名指、小指。其次，左無名指、小指彎曲，左拇指傾壓左無名指、小指指甲作環狀兩相勾結，且把雙手食指、中指豎起指端相拄，食指彎曲來去，又稱為普焰印。

【真言】

唵① 吽② 發吒發吒發吒③ 鄔仡羅④ 戍攞播寧⑤ 吽吽吽發吒發吒發吒⑥ 唵⑦ 擾羝⑧ 寧囉曩娜⑨ 吽吽吽發吒發吒發吒唵唵唵⑩ 摩訶麼攞⑪ 娑縛訶⑫

oṁ① hūṁ② phaṭ pha phaṭ③ ugra④ śūlapāṇi⑤ hūṁ hūṁ hūṁ phaṭ phaphaṭ⑥ oṁ⑦ dūti⑧ nimada⑨ hūṁ hūṁ hūṁ phaṭ pha phaṭ oṁ oṁ oṁ⑩ mahāhābala⑪ svāhā⑫

⊙烏樞沙摩手印(一)——薄伽梵根本印

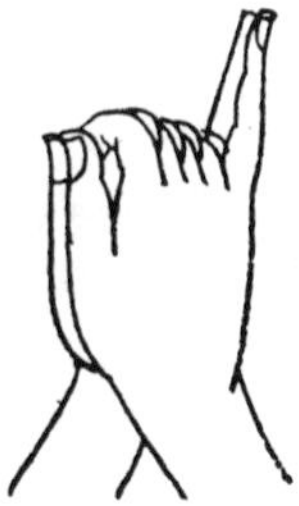

雙手內縛，兩小指、拇指豎合，此印名為薄伽梵根本印。兩拇指、小指為獨鈷之二頭；召請時，將兩拇指立攏，召二次；奉送時，向外彈。

【真言】

唵① 縛日羅② 俱嚕馱③ 摩訶麼攞④ 訶曩娜訶跛者⑤ 尾馱望⑥ 烏樞瑟麼⑦ 俱嚕馱吽嚩吒⑧

oṁ① vajra② krodha③ mahā bala④ hānadāhapaca⑤ vidvān⑥ Ucchuṣmaḥ⑦ krodha hūṁ phaṭ⑧

⊙烏樞沙摩手印(二)

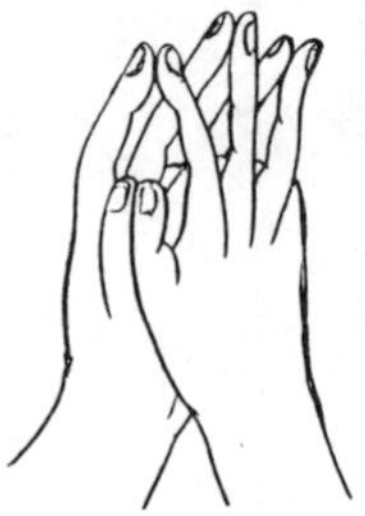

虛心合掌，兩小指彎曲置於掌中，以兩拇指傾壓兩小指之甲，兩無名指、中指、食指各自豎起，指端相合，各指微微的相去。

⊙烏樞沙摩手印(三)

雙手內縛，兩中指豎合，兩食指彎曲如鉤形，各附著於中指背，如三鈷杵之形。

◉烏樞沙摩手印㈣

右手握拳，拇指豎起壓食指側，加持五處。

軍荼利明王

軍荼利明王

種子字：（a hūṃ hūṃ）

軍荼利明王（梵名Kundah），音譯為軍荼利，意譯為瓶。在密教裏，瓶是甘露的象徵，所以以譯作甘露軍荼利。位列胎藏曼荼羅蘇悉地院。是密教五大明王之一，爲南方寶生佛的教令輪身（忿怒身）。

軍荼利明王是以慈悲方便，成證大威日輪以照耀修行者。並流注甘露水，以洗滌眾生的心地，因此又稱爲甘露軍荼利明王（Amṛiti-Kuṇḍli，阿密利帝明王）。此外，因爲示現忿怒像，形貌又似夜叉身，所以也稱爲軍荼利夜叉明王（Kuṇḍalī-yakṣas）。另外，也有說其爲「大笑明王」的異稱。

軍荼利明王法多用在調伏，或息災、增益方面。如果修行者每天在食時、未食前，供出少分食物，然後念誦軍荼利明王心咒七遍，則不論在任何地方，都會得到明王的加護。此外，軍荼利真言也往往用來作爲修持其他密法的輔助，或作加持供物之用。

⊙軍荼利手印

此印為以兩手各拇指壓小指指甲，其餘三指為三鈷形，以右壓左後交臂。

【真言】

唵① 婀密哩帝② 吽③ 頗吒④

oṁ① amṛte② hūṁ③ phaṭ④

◎軍荼利三昧耶印

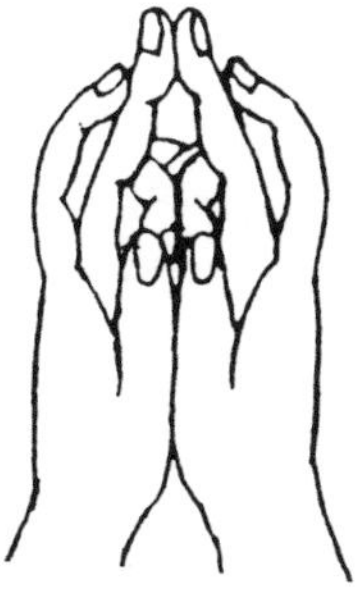

兩小指內挾，兩無名指並曲壓其間，兩中指並伸，而兩食指彎曲，拄於中指初節之後，如三鈷杵；兩拇指並伸，於中指間壓無名指背。

【真言】

曩謨① 羅怛曩怛羅夜也② 曩麼③ 室戰拏④ 摩訶縛日囉俱路馱也⑤ 唵⑥

戶嚕⑦ 戶嚕⑧ 底瑟吒⑨ 底瑟吒⑩ 滿馱⑪ 滿馱⑫ 賀曩⑬ 賀曩⑭ 阿蜜哩帝⑮ 吽⑯ 發吒⑰ 娑縛訶⑱

namo① ratna-trayāya② nama③ aścaṇḍa④ mahā-vajra-krodhāya⑤ oṁ⑥ huru⑦ huru⑧ tiṣṭha⑨ tiṣṭha⑩ bandha⑪ bandha⑫ hana⑬ hana⑭ amṛte⑮ hūṁ⑯ phaṭ⑰ svāhā⑱

孔雀明王

孔雀明王

種子字：𑖦（ma）或𑖧𑖲（yu）

孔雀明王（梵名 Mahā-mayūrā-vidy-rājñī）漢譯有摩訶摩瑜利羅闍、佛母大孔雀明王等名。此尊相傳爲毗盧遮那佛或釋迦牟尼佛的等流化身。密號爲佛母金剛、護世金剛。在密教修法中，以孔雀明王爲本尊而修者，稱爲孔雀明王經法，又稱孔雀經法。爲密教四大法之一。

孔雀明王出現的初始因緣，據《孔雀明王經》所載，是佛陀在世的時候，有一位比丘遭到毒蛇所螫，痛苦難當。阿難尊者向釋尊稟告之後，佛陀就宣說了一種可供祛除鬼魅、毒害、惡疾的陀羅尼真言。此陀羅尼就是孔雀明王咒，這也是孔雀明王及其陀羅尼爲世人所知的開始。

由孔雀尊形像中所顯露的意義，可知此尊具有敬愛、調伏、增益及息災四種妙德，能滿足一切的願望。而其以能噉食諸毒蟲的孔雀爲座騎，更象徵了此尊能噉盡眾生一切五毒煩惱。

在現圖胎藏界曼荼羅中，將此尊安置於蘇悉地院，形像呈肉色，二臂，右手持孔雀尾，左手持蓮華，坐赤蓮華。三昧耶形是孔雀羽。西藏流傳的形像則呈三面八臂，坐蓮華座，不乘孔雀。

孔雀明王的法門，對於護國、息災、祈雨、除病延壽　安產等世間利益，都極有效驗。當然最重要的，還是以此尊作爲出世間修行的依怙，祛除我們心中貪、瞋、痴、慢、疑等各種煩惱毒害，使我們能圓滿智慧、慈悲的菩提，速成無上佛果。

⊙孔雀明王印

兩手內縛，左右拇指、小指直豎各相拄。

【真言】

唵①　摩庾攞迦蘭帝②　娑嚩賀③

oṁ①　mayūrā-krāme②　svāhā③

第五章 其他護世聖眾的手印

大梵天

大梵天

種子字：प्र（pra）或 ब्र（bra）或 मै（mai）

大梵天（梵名Brahmā），梵名音譯爲婆羅賀摩，意譯作清淨、離欲。爲婆羅門教、印度教之創造神。佛教將其列爲色界之初禪天。

大梵天以自主獨存，認爲自己是宇宙的創造者，後世一切眾生皆其化生，已經盡知一切經典義理，統領大千世界，以最富貴尊豪自居。

梵天又分爲三天，即梵眾天（梵名Brahma-pāriṣadya）、梵輔天（梵名Brahma-purohita）與大梵天（梵名Mahā-brahman），總稱爲梵天。其中，大梵天王統御梵眾之人民、梵輔之輔弼臣。密教將其列爲十二天之一，守護上方。爲觀音二十八部眾之一。

通常所謂「梵天」，大都指大梵天王，又稱梵王、尸棄（梵名Śikhin）或世主。印度古傳說中，爲劫初時從光音天下生，造作萬物。在佛教中則視之與帝釋天同爲佛教的護法神。

⊙梵天印

左手五指伸展稍微彎曲，半蓮花之印。

【真言】

南麼① 三曼多勃馱喃② 鉢羅闍③ 鉢多曳④ 娑縛訶⑤

namaḥ① samanta-buddhānāṃ② prajā③ pataye④ svāhā⑤

大自在天（伊舍那天）

大自在天

種子字：（ru）

大自在天，（梵名Īsāna），意譯爲伊舍那天，又作伊遮那天或伊沙天，意譯爲自在、眾生主，乃司配者之義。爲護世八方之一、十二天之一、或十方護法神之一，守護東北方。有說其即舊稱之摩醯首羅天。在胎藏曼荼羅中位列外金剛部院。

大自在天身呈青黑色，現忿怒相，訶叱貪、瞋、癡之三毒。面上有三目，表降伏粗、細、極細之三妄執。身上以髑髏爲瓔珞，髑髏表根本無明，以其爲瓔珞，表示煩惱即菩提之義。左手之器，盛馱馬血，代表煩惱，而歃之。右手執三鈷戟，代表以三平等之鉾，殺害煩惱、所知二障，空人執、法執之義。

◎大自在天印

右手作拳按於腰部，左手將無名指、小指彎曲，其餘三指稍離豎立，此乃三鈷形。

【真言】

南麼① 三曼多勃馱喃② 囉捺囉也③ 莎訶④

namaḥ① samanta-buddhānāṃ② rudrāya③ svāhā④

帝釋天

帝釋天

種子字：（śa）或（yu）

帝釋天（梵名Śakra, Devanam-indra），又稱爲釋迦提恒因陀羅，略稱作釋提恒因、釋迦提婆。又有天帝釋、天主、因陀羅、憍尸迦、婆娑婆、千眼等種種異稱。依據經論記載，帝釋天原爲摩伽陀國之婆羅門，由於修布施等福德，遂生忉利天，且成爲三十三天之天主。是佛教的重要護法神之一，也是四大天王及地居的天、龍、夜叉們的統攝者，密教則列爲十二天之一。鎮護東方，居於須彌山頂的忉利天的善域。

帝釋天一向非常護持佛教，他不只常向佛陀請示佛法，而且也經常用種種勝妙物品供養釋尊與僧眾。在經典中也常常可見到帝釋天請佛説法、聞佛説法或護持正法行人的種種故事。

⊙帝釋天手印(一)

左無名指、小指曲向掌中。食指彎曲附於中指背側，拇指稍微彎曲，此乃十二天軌所言之印相。

【真言】

南麼① 三曼多勃馱喃② 鑠吃囉也③ 莎訶④

namaḥ① samanta-buddhānāṃ② śakrāya③ svāhā④

⊙帝釋天手印(二)

雙手內縛，兩食指豎立如針狀，兩拇指並立，此乃出自胎藏四部軌之說。

【真言】

唵① 嚩日羅庚馱② 娑嚩賀③

oṃ① vajrāyudha② svāhā③

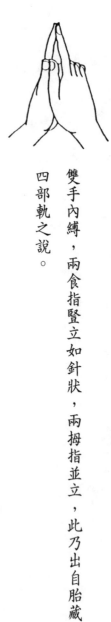

摩利支天

摩利支天

種子字：ma（ma）或 maṃ（maṃ）

摩利支（梵名 Marīci），也譯作末利天或摩里支天，意譯爲威光天、陽焰天；或稱作末利支提婆、摩利支天菩薩。具有大神通自在力，擅於隱身，修學此尊能消除障難，增進利益。

修習摩利支天法成就，不但能消災去厄，最特別的是還能隱身。依《佛說大摩里支菩薩經》所載，此尊「能令有情在道路中隱身、眾人中隱身。水、火、盜賊一切諸難皆能隱身。」如能虔誠依法修持，則一切天魔惡鬼外道，都無法覓得修法者的行蹤，而「諸持誦阿闍梨，若依摩里支成就法行，精進修習，勇猛不退。無缺犯，如是眾生，令得菩薩清淨大智。」

依佛典所載，此菩薩有種種消災解厄之法，如經典記載：凡依法誦摩里支菩薩根本及心真言，不限遍數，但虔誠至心，必獲菩薩威神加護，一切怨家、惡人悉不能見，一切災難皆得解脫。

此外，摩利支天尚有消除病苦、旱災時祈雨、水災時止雨等等息災祈福之法，若能如法虔敬修習，均有不可思議的效驗。

⊙摩利支天根本印──大金剛輪印

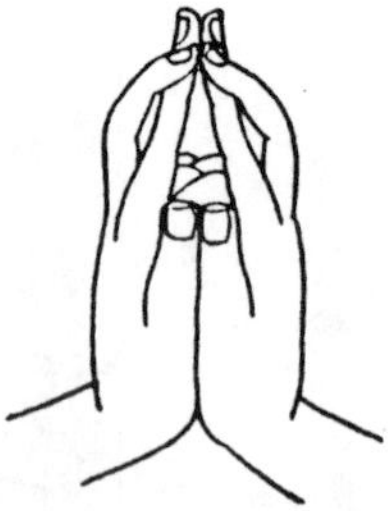

如大金剛輪印。兩手小指、無名指向內相合，兩食指、拇指並立，指端相抵，以兩中指纏繞兩食指，印於身之五處，此為八輻輪，具有能破之德，可滅除一切障難。

【真言】

唵① 阿儞底也② 摩利支③ 娑嚩訶④

① ② ③ ④

oṃ① āditya② marici③ svāhā④

⊙摩利支天隱形印（安怛祖那印）

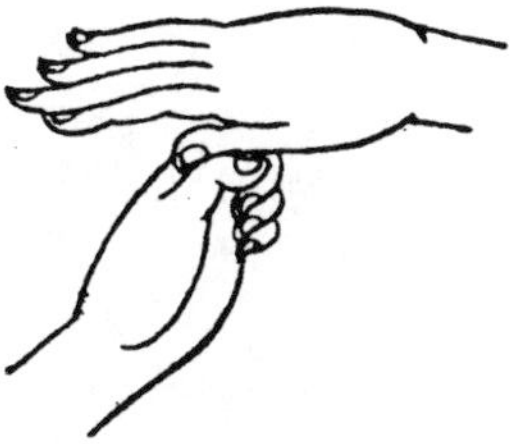

又名為寶瓶印、摩敠印、甲冑印、金剛城之印。

左手虛掌，以右掌横於左手之上成覆蓋狀，此印是摩利支天菩薩身，右手掌即是摩利支身，真言同前。

吉祥天女

吉祥天女

種子字：（śrī）

吉祥天（梵名Śrī-mahā-devī），爲佛教的護法神，主施福德。

此天的異名甚多，在《大吉祥天女十二名號經》列出有吉慶、吉祥蓮花、嚴飾、具財、白色、大名稱、蓮華眼、大光曜、施食者、施飲者、寶光、大吉祥等十二種名稱；在《大吉祥天女十二契一百八名無垢大乘經》則列舉了一〇八種名稱。此外還有寶藏天女或第一威德成就眾事大功德天等名。

另外，或有稱之爲功德天，但也有認爲功德天與吉祥天實爲不同尊的說法，如《大佛頂經》卷七中，即並列有功德天女與吉祥天女二尊，可見二者並非同一尊。

相傳此天爲毗沙門之妻，其父爲德叉迦、母爲鬼子母神。在婆羅門教則視之爲毗紐天之妃。而在密教中，則視此天女爲胎藏界大日如來所變，亦爲金剛界大日如來所變之毗沙門天王的妃子；於阿闍梨所傳的曼荼羅中，位列於北方毗沙門天之側。

依《金光明經》〈功德天品〉所載，吉祥天在過去世的寶華功德海琉璃金山寶照明如來時，已種下諸種善根。所以，她現在能夠隨所念、所視、所至之處，而使無量百千眾生受諸快樂，乃至所須資生之具及種種珍寶等悉令充足。並說，如果行者能夠持誦《金光明經》，供養諸佛，用香花、好香、美味來供養吉祥天，並且持念她的名號，如法供養之後，則此信徒當能獲得資財寶物等福報。

經中又說，得天女護佑之後，必須以此福德行於布施、供養、周濟、貧乏等事。

若人至心修持此尊，如法祈求天女護佑，所獲福德不可思議。

⊙吉祥天女手印(一)—大三股印

此印出於《陀羅尼集經》卷十。左右手無名指、小指反叉在掌，豎立二中指，指頭相拄，以二食指頭各捻中指上節背，並豎二大拇指。

【真言】

怛儞也他① 室哩抳 室哩抳② 薩嚩③ 娑馱寧④ 悉寧 悉寧⑤ 寧寧寧寧⑥ 阿落乞史茗⑦ 曩捨野⑧ 娑嚩賀⑨

tadyatha① çrīni çrīni② kārya③ sadne④ sine sine⑤ ne ne ne ne⑥ alakṣme⑦ nāçaya⑧ svāhā⑨

⊙吉祥天女手印㈡——八葉印

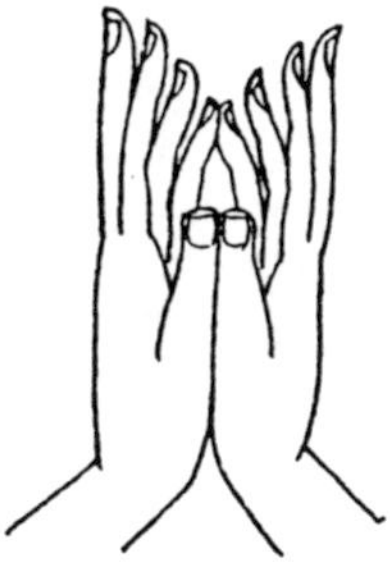

此印出於《毗沙門經》。

【真言】

唵① 摩訶室利曳② 娑嚩賀③

oṁ① mahāçriye② svāhā③

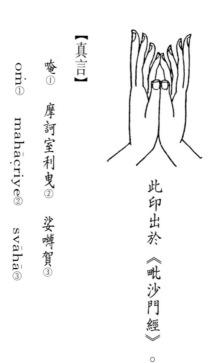

辯才天

辯才天

種子字：𑖭𑖲（su）或𑖭（sa）

辯才天（梵名Sarasvati Sarasvati-devī），梵名音譯作薩囉薩伐底、薩囉娑嚩底、縒羅莎縛底、蘇羅娑縛帶。音譯爲妙音天、妙音樂天、美音天、大辯才天、大辯才天女、大辯才天神、大辯才天王、大聖辯才天神。略稱辯天，俗稱辯財天。此天主掌學問辯才、音樂與福德。相傳梵語及天城體字母即爲其所創。原本爲印度人所信仰的河神，後來輾轉成爲佛教的護法神之一。

有關辯才天護持佛法的事蹟，由《金光明最勝王經》卷七〈大辯才天女品〉

中，可略窺一二。依該經所載，凡是宣講《金光明經》者，都能得到她的護持而智慧增長、具足言說辯才。凡忘失經文句義者，也能得到她的幫助而憶持開悟。一般眾生如果聽聞此經，則可受到辯才天的加持，而獲得不可思議的捷利辯才，與無盡的大智慧，甚至能善解眾論及諸技術；能出生死，速趣無上正等菩提。而於現世中，增益壽命，資身之具悉皆圓滿充足。

修習此一天女法，除了增益、息災等作用之外，還可以使人成為大聲樂家，或大雄辯家。日本密教對此尊頗為崇拜，也有不少異於印度佛典的說法，譬如「辯才天十五童子」，與「日本本邦五辯才天」之說，皆是日本所特有的傳說。

⊙辯才天手印——妙音天印

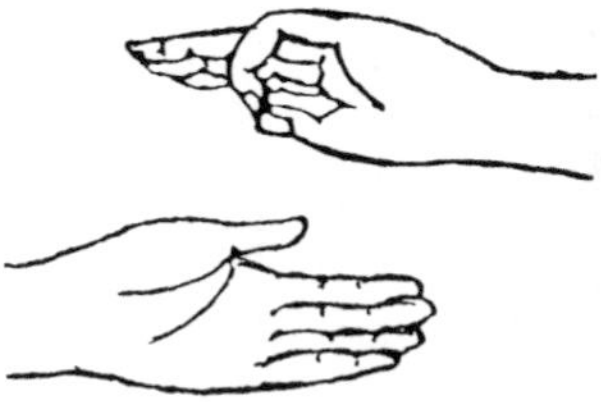

左手仰掌，右手覆掌，食指、大拇指相捻。

【真言】

南麼① 三曼多勃馱喃② 薩囉薩伐底曳③ 莎賀④

namaḥ① samanta-buddhānāṃ② sarasvatiye③ svāhā④

焰摩天

焰摩天

種子字：（vai）或（yaṃ）

焰摩天（梵名Yama），爲護世八方天之一、十方護法神之一及十二天之一。於密教中，特別將閻魔王稱爲焰摩天，列於天部，但焰摩天之形象與閻魔王不同。在現圖胎藏界曼荼羅中，居於外金剛部院之南方。又因焰魔爲鬼界之王，故於此西方列諸餓鬼眾。

以此天爲本尊之修法稱焰魔天法，修此法門可延壽除災，若爲祈冥福時則稱爲冥道供。

⊙焰魔天手印——壇荼印

雙手虛心合掌，兩食指、小指彎曲置於掌中。

【真言】

唵① 閻魔囉闍② 烏揭囉毗梨耶③ 阿揭軍④ 莎訶⑤（《陀羅尼集經》十一）

oṁ① yamarāja② ugra-virya③ āgaccha④ svāhā⑤

毗沙門天

毗沙門天

種子字：（vai）

毗沙門天（梵名 Vaiśravaṇa），又稱作多聞天。爲四大天王、八方天或十二天之一，率領夜叉、羅刹等二神眾，是閻浮提北方的守護神，護持佛法，守護世間。居於須彌山第四層北面。

由於此天王時常守護道場、聽聞佛法，故稱多聞，有時亦被視爲戰勝之神而受到尊崇。在藏密中更被視爲財神本尊，能賜予無盡資財。在印度、西域、中國與日本等地，毗沙門天王都普遍受到供奉，爲著名的財神、福神。

毗沙門天王不只特別是諸天神中，最爲熱心護持佛法，與佛教徒的關係最爲密切，而且對於佛法的修證，更是深入。因此，有人認爲毗沙門天王是大菩薩化現天王身，來擁護教化眾生的。

毗沙門天王除了以財神性格著稱之外，同時也守護眾生利益安樂、遠離諸厄難、能滿諸勝願、獲得大智慧、乃至天眼通、壽命俱胝歲（長壽）……等。

行者如果想要得到毗沙門天王的護持，最重要的原則，是要行善行、合於正法。

⊙毗沙門手印㈠——伽馱棒印

虛心合掌，兩小指交叉置於掌中，兩拇指並豎，而兩中指、無名指豎起，指端相合。再來，將兩食指側向彎曲離中指背約一寸許，並不相依附。

此為胎藏界毗沙門天之印，名為伽馱棒印。

【真言】

曩莫① 三滿多沒馱喃② 吠室囉縛拏野③ 莎賀④

namaḥ① samanta-buddhānāṃ② Vaiśravaṇaya③ svāhā④

⊙毗沙門手印(二)

內縛，兩無名指立合，兩食指彎曲如鈎狀，不相附著。

【真言】

曩莫① 三滿多沒馱喃② 吠室囉縛拏野③ 莎賀④

namaḥ① samanta-buddhānāṃ② Vaiśravaṇaya③ svāhā④

◉毗沙門印㈢——塔寶棒印

內縛，兩中指豎合，名為塔寶棒印，中指如寶形。

增長天

增長天

種子字：ᖴ（vi）

增長天（梵名Virūḍhaka），梵名音譯作毗嚕陀迦，又稱作毗留多天、毗樓勒天、毗相勒叉天。爲四大天王及十二天之一，同時也是十六善神之一，又稱爲南方天。

增長天王率領鳩槃荼、薜荔多等鬼神爲眷屬，能折伏邪惡，增長善根，在南方承擔護持正法的使命，爲護法之善神，由於守護於南方，所以又稱爲南方天。由於他能令眾生善根增長，所以名叫增長天。又在東、西、南、北方中，南方象徵增益的特性，能增長萬寶，所以也稱爲增長天。

其居處在須彌山的琉璃埵的善見城中，其地縱廣六千由旬，有七種欄楯、羅網、行樹及七寶等裝飾，而且眾鳥和鳴，景色殊麗。

增長天王不但守護人民遠離災障、煩惱，更能護佑眾生財寶充盈，受用無盡，增長智慧、壽命。

◉增長天手印

左腕側向，右腕附著於左腕上，手背相合，兩中指相勾結如鎖狀，兩小指、食指、拇指彎曲，兩無名指豎起。

【真言】

唵① 毗嚕陀迦② 藥叉③ 地波路曳④ 莎賀⑤

oṁ① virūḍhaka② yakṣa③ dhipataye④ svāhā⑤

廣目天

廣目天

種子字：（vi）

廣目天（梵名 Virūpākṣa），梵名音譯作鼻溜波阿叉、毗樓婆叉、毗嚕博叉。又稱作醜目天、雜語主天，或非好報天。為四大天王及十六善神之一。

此天住於須彌山西面半腹，乃守護西方之護法善神，及諸龍之王，又稱西方天。其常以淨天眼觀察閻浮提之眾生，司掌處罰惡人，令起道心。

廣目天王常以清淨天眼觀察護持閻浮提眾生，守護一切眾生遠離種種惡事，財寶充盈，壽命增長，一切自在，所作成就。

此一天王率領無量天龍及富單那諸神等眷屬，守護佛法。

◉廣目天印

左腕側向，右腕附著於左腕上，手背相合，兩中指、無名指、小指向掌中彎曲，以兩拇指指端傾壓兩中指之指甲，此時兩食指相勾結如鎖狀。

【真言】

唵① 毗嚕博叉② 那伽③ 地波路曳④ 莎訶⑤

oṃ① virūpākṣa② nāga③ dhipatāye④ svāhā⑤

持國天

持國天

種子字：（dhṛ）

持國天（梵名Dhṛta-Rāṣṭra，藏名Yul-ḥkhor-bsruṅ）音譯爲提頭賴吒、提多羅吒、持梨哆阿羅哆、多羅吒。又稱爲治國天、安民天、順怨天。

由於此天王護持國土、保護安撫眾生，所以稱爲持國天，又稱爲東方天。爲四大天王之一，及十六善神之一。

持國天住於須彌山東面半腹的由乾陀山，其所住地爲賢上城，有七重欄楯、鈴綱、行樹及七寶等瑰麗裝飾，景色殊勝。

東方持國天王能護持人民無諸病苦，無諸魔障、煩惱，增長智慧，延年益壽，財寶豐盈，受用無盡，一切自在，所作成就。

◎持國天印

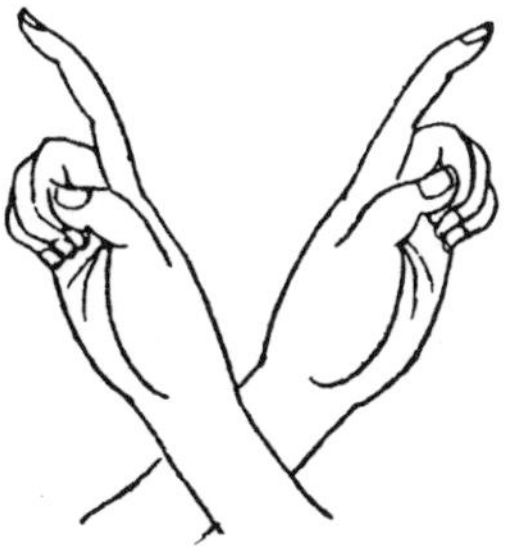

兩手握拳交叉，食指直豎。

【真言】

唵① 地梨致囉瑟吒羅② 羅羅③ 鉢羅末馱那④ 莎訶⑤

oṃ① dṛtirāṣṭra② rārā③ pramadana④ svāhā⑤

地天（堅牢地神）

地天

種子字：（pṛi）或（vi）

地天（梵名Pṛthivī），又稱作地神、堅牢地神、堅牢地天、持地神，即主掌大地之神，爲十二天之一。地的體性是堅固不動，能止住萬物，有能持萬物的作用。

此神原爲古代印度所崇仰的神祇，在《梨俱吠陀》、《阿闥婆吠陀》均讚歎其爲具備偉大、堅固、不滅性、養育群生、繁生土地等美德的女神。

在佛教中，此尊被視之爲菩薩或護法神，在經典中常可見到其尊名及功德勢力。

此外，新譯《華嚴經》卷一舉有普德淨華主地神、堅福德莊嚴主地神、妙華嚴樹主地神、普散眾寶主地神、淨目觀樹主地神、妙色勝眼主地神等名。並說彼等皆於往昔發深重願：願常親近諸佛如來，同修福業。

另於《方廣大莊嚴經》卷九〈降魔品〉中記載，佛陀初成道，此地神為作證明，從地湧出，曲躬恭敬，捧著盛滿香花之七寶瓶供養世尊。

在《堅牢地天儀軌》中述及，此尊與大功德天曾一起稟白佛陀，如果有眾生禮拜恭敬供養及念誦其真言，他會恒常出地味資潤彼人，令其身中增益壽命，是地精氣充溢，行者身中得色力、得念、得喜、得精進、得大智慧、得辯財、得三明六通，人天愛敬，得無比無盡大福德云云。

此外，為求福、國土豐饒或鎮護土地而修的供養法，稱地天供或土公供。

⊙地天手印—鉢印

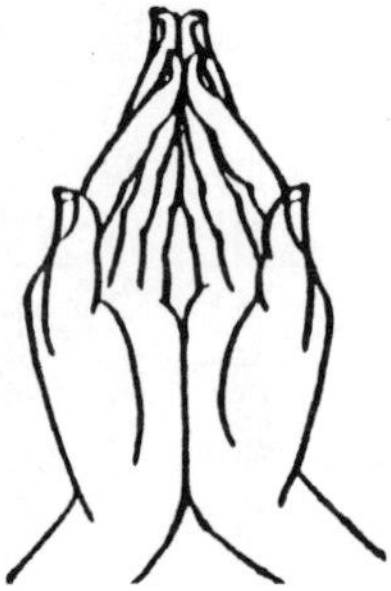

拇指除外之八指，指端相合作圓形，兩拇指如蓋狀。

【真言】

南麼① 三曼多勃馱喃② 鉢嘌體毗曳③ 莎賀④

namaḥ① samanta-buddhānāṁ② pṛthiviye③ svāhā④

水天

水天

種子字：𑖪（va）或𑖀（a）或𑖡（na）

水天（梵名 Varuṇa），梵名音譯作縛嚕拏、縛樓那、婆樓那、伐樓拿。為密教十二天之一，護世八方天之一。守護西方，為龍族之王，屬五類天中地居天之一。

本為古代印度婆羅門教的天空之神，河川之主，主管祭祀，維持道德。

⊙水天手印(一)

左手作拳，拇指不附著於掌內，食指豎立稍微彎曲，此為《十二天軌》所說。

【真言】

(1)南麼① 三曼多勃馱喃② 阿半鉢多也③ 娑縛賀④

namaḥ① samanta-buddhānāṁ② āpāmpataya③ svāhā④

(2)縛嚕拏① 耶② 莎賀③

varuṇa① ya② svāhā③

◉水天手印(二)

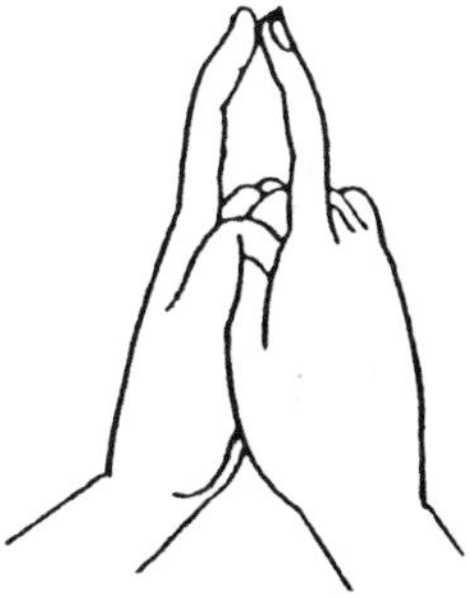

雙手內縛，兩食指豎合如圓狀，此為龍索之印，為水天於胎藏界外金剛界之印。

【真言】

唵① 沒陀② 室利③ 娑縛賀④

oṃ① budha② śri③ svāhā④

火天

火天

種子字：𑖀（a）或𑖪（va）或𑖡（na）

火天（梵名Agni），梵名音譯爲阿耆尼或阿哦那。又稱作火仙、火神、火光尊。表諸佛行菩薩道時，以智火焚燒一切心垢，燃起正法光明。

此天原爲古印度神祇之一，爲火的神格化。火的體性是暖性，有成熟萬物的作用，其性質有成熟義，同時有燒盡萬物而使其清淨的作用。自《吠陀》時代即廣受崇拜，在《吠陀》的偈頌中，火神獲讚詠的次數僅次於帝釋天，並且被視爲地上諸神之首。在《梨俱吠陀》中更以此天爲諸神中之最年輕者。與帝釋天（或風天Vāyu）、日天（Sūya）合稱吠陀三尊。

此尊以多種形態顯現於不同的場所，象徵破除黑暗的光明、燒毀不淨的淨化力。有時他是神、人之間的使者、仲介者；有時是家庭神，帶來繁榮與富足；有時是守護神，保障居家平安。

依據火焰騰空可達天界的信仰，古代印度認爲火天爲神人之間的使者，因此在行供養儀時，也常招請火神；爾後演變爲將物品投入火中以供養諸神，這就是護摩（火供）的來由。

在密教中，此天爲護世八天之一、十方護法神王之一，及十二天之一。在胎藏界曼荼羅中，位列外金剛部東南隅。

⊙火天印

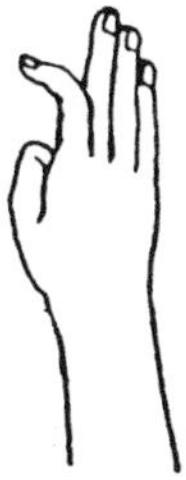

左手按於腰，右掌展開，將拇指彎曲附著於掌內，食指中節微彎。

【真言】

南麼① 三曼多勃馱喃② 惡揭娜曳③ 莎訶④

namaḥ① samanta-buddhānāṃ② agnaye③ svāhā④

風天

風天

種子字：（vā）或（ni）

風天（梵名Vāyu），音譯作縛臾、婆庾、婆牖、伐由。又稱作風神、風大神。

風神的起源甚爲古老，早在《梨俱吠陀》中就已見到其名，與日天（Sūrya

）、火天（Agni）合稱爲吠陀三神，是給予人們名譽、福滿、子孫或長生的神祇。

密教奉爲十二天一八方天之一，位列胎、金兩部曼荼羅中。在胎藏界曼荼羅，位於外金剛部院的西北隅。在金剛界曼荼羅，則屬外金剛部二十天之一，位於西方。

⊙風天手印(一)

左手直豎，將小指、無名指彎曲附著於掌內，此為《大日經疏》之說。

【真言】

南麼① 三曼多勃馱喃② 皤也吠③ 莎賀④

namaḥ① samanta-buddhānāṃ② vāyave③ svāhā④

⊙風天手印(二)—風幢印

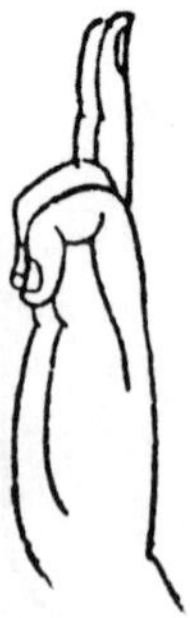

右手作拳，將小指、無名指豎立，此印稱為風幢印，即表示有風天三昧耶形之風幢印，此為《四部儀軌》之說。

【真言】

唵① 縛日羅② 儞羅③ 莎賀④

oṁ① vajra② nīla③ svāhā④

日天

日天

種子字：𑖀（a）

日天（梵名Aditya），音譯作阿泥底耶，又稱作日天子、日神。在印度，將太陽神格化，稱為日天。後為太陽神（梵Sūrya，音譯蘇利耶）之別稱。傳入密教後，成為十二天之一，由於大日如來為利益眾生住於佛日三昧，隨緣出現於世，破除諸暗時，自然開顯菩提心，猶如太陽光遍照眾生，故稱為日天。

⊙日天手印—福智顯現印

作鉢印，兩拇指並置於掌中，傾壓兩無名指之根部，名為福智顯現印，此乃菩提心開發之義。

【真言】

(1)南麼① 三曼多勃馱喃② 阿儞怛夜耶③ 莎訶④（胎藏界）

namaḥ① samanta-buddhānāṃ② ādityāya③ svāha④

(2)唵① 縛日羅② 矩吒利③（金剛界《賢劫十六尊軌》）

oṃ① vajra② kuṇḍari③

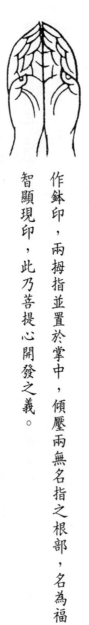

月天

月天

種子字：（ca）或（pra）

月天（梵名Candrā），又稱作月天子、寶吉祥天子。音譯作旃陀羅、戰達羅或戰捺羅。印度婆羅門教將月神格化，稱爲月天。在密教中爲十二天之一，屬金剛界曼荼羅外部二十天之一，胎藏界曼荼羅外金剛部院之一尊。爲擁護佛法之天部之一。

⊙月天印

如梵天印，左手五指伸展稍微彎曲，取掌中日月觀之。

【真言】

南麼① 三曼多勃馱喃② 戰捺羅也③ 莎賀④

namaḥ① samanta-buddhānāṃ② candrāya③ svāhā④

大黑天

大黑天

種子字：ম（ma）

大黑天（梵名 Mahākāla），梵名音譯作摩訶迦羅或嘛哈噶拉。又稱作大黑神、大黑天神或摩訶迦羅天。

印度教以此神爲濕婆神（Śiva）的別名，或爲濕婆之后究迦的化身（或侍者），主破壞、戰鬥；佛教則視之爲大自在天的化身，或是毗盧遮那佛的化身等，諸說不一，其中有以大黑天爲福神來供奉者，各家說法不一。

日本更以大黑天爲七福神之一，認爲大黑天乃授與世間富貴官位之福神，廣受民間崇信。東密相傳，此尊係大日如來爲降伏惡魔所示現的忿怒藥叉形天神，藏密則傳爲觀世音菩薩所顯化的大護法。東密與藏密均相當重視大黑天的本尊修法。

由於此尊統領無量鬼神眷屬，且長於隱形飛行之藥術，因此能在戰爭時，加護向其祈求的眾生。更能使食物經常豐足，因此印度寺院與我國江南民間，常有人在廚房祀奉。同時此神也是佛教徒在墳場中祀奉的神祇之一。又相傳此神及其眷屬七母女天，能予貧困者以大福德。因此大黑天兼具有戰鬥神、廚房神、塚間神與福德神四種性格，相當受到崇仰。

⊙大黑天手印

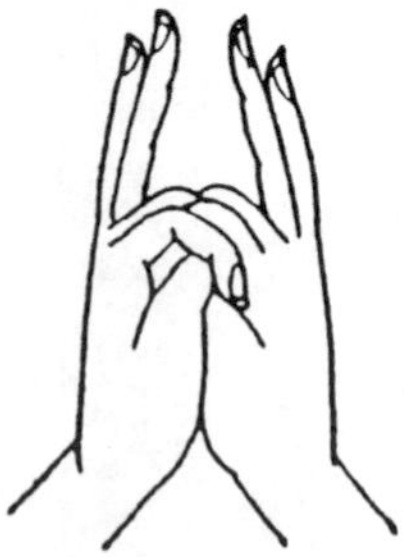

雙手內縛，與兩小指、無名指開立，三度來去，此為召請鬼神，有降伏之義。

【真言】

唵① 摩訶迦羅耶② 娑縛賀③

oṁ① mahā-kālaya② svāhā③

歡喜天

歡喜天

種子字：（gaḥ）

歡喜天（梵名 Nandikeśvara），乃歡喜自在之義，全名爲大聖歡喜自在天（梵名 Mahārya-nandikeśvara）。又作歡喜自在天、難提自在天；略稱作聖天、天尊。

歡喜天為印度教濕婆神與婆羅和底（或稱作烏摩）之子，尊形為象頭人身。與其兄弟塞揵陀共統轄其父大自在天之眷屬，所以在佛教又稱之為俄那鉢底（梵名 Gaṇa-pati），意譯為軍隊，也就是大自在天眷屬之將的意思。俄那鉢底，其意又有障礙他之事業或排除諸種障礙之力用，所以又名毗那夜迦（梵名 Vighnāyaka），乃障礙或排礙之義。

⊙歡喜天手印

兩小指、無名指作鈎，向內與豎立之兩中指相交叉，兩風各附著於中指，兩拇指靠近食指側，加持五處。

【真言】

唵① 儗哩② 虐③ 娑縛賀④

oṁ① hrīḥ② gaḥ③ svāhā④

訶利帝母（鬼子母）

訶利帝母

訶利帝母（梵名Hārītī），夜叉女之一。訶利帝母爲梵名的音譯，意譯則作歡喜母、鬼子母、愛子母。

依據《根本說一切有部毗奈耶雜事》卷三十一所記載，鬼子母神有五百子，常噉食王舍城中幼兒，後爲佛所度化，皈佛後受佛「擁護諸伽藍及僧尼住處令得安樂」的咐囑。於《法華經》〈陀羅尼品〉中，此女神與十羅剎女共誓守護法華行者。其乃四天王之眷屬，有大勢力，若有疾病、無兒息者，虔敬供養，皆可滿願。

佛陀為免此鬼子母及其諸子，不食人子後無食可食，也慈悲地允諾鬼子母，「於贍部洲所有我聲聞弟子，每於食次出眾生食，並於行末設食一盤，呼汝名字，並諸兒子，皆令飽食永無飢苦。」

以鬼子母神為本尊，所修的法為訶利帝母法，主祈求生產平安之修法，此外於其經軌中尚有許多消災除病法。

⦿訶利帝母請召印

以右手指挾左手背，抓住左手掌，向左手身召三次。

【真言】

唵① 努努摩哩迦呬諦② 娑嚩賀③

oṁ① dundumālikāhite② svāhā③

⊙訶利帝母愛子印

雙手合掌，兩拇指共曲置於掌中。眞言同前。

龍

龍

龍（梵名Nāga），梵名音譯爲那伽、曩誐。龍族居住在水中，能呼雲興雨，爲蛇形鬼類，亦爲守護佛法的八部眾之一。愚癡瞋恚特重的眾生，因業報的緣故，而投生於龍族，出生於戲樂城。

依據《翻譯名義集》卷二中所記載：「龍有四種，一守天宮殿，持令不落，人間屋上作龍像之爾；二興雲致雨，益人間者；三地龍，決江開瀆；四伏藏，守轉輪王大福人藏也。」

龍族的領袖稱爲龍王（nāgarāja），他們具足強大的威力，常爲佛的守護者。如善住龍王、難陀、婆難陀龍王、阿耨達龍王等，都是行大乘佛法、精進修行的龍王。

他們的眷屬也都瞋心淡薄，而且憶念福德，能隨順法行，屬於法行龍王，不受熱沙之苦，而且以善心依照時序降雨，使世間五穀成熟。

相對於法行龍王，另外有一類「非法行龍王」，如波羅摩梯、毗諶林婆、迦羅、睺樓睺樓等龍王，他們不順法行，行不善法，不敬沙門及婆羅門，所以常受到熱沙燒身的苦果，這些惡龍常在閻浮提現起大惡身，興起殘惡雲雨，使世間一切五穀損害。

◎龍印

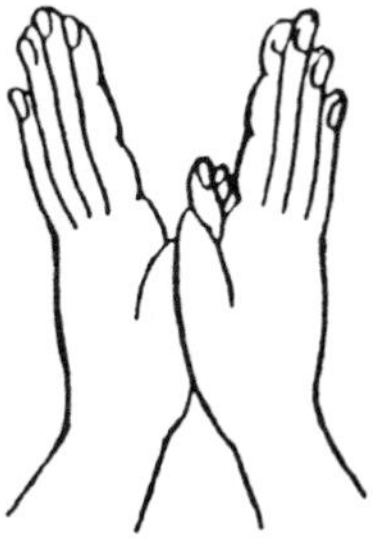

以右手指挾左手背，抓住左手掌，向左手身召三次。

【真言】

南麼① 三曼多勃馱喃② 迷伽③ 設濘曳④ 娑嚩訶⑤

namaḥ① samanta-buddhānāṃ② megha-③ aśaniye④ svāhā⑤

難陀、跋難陀龍王

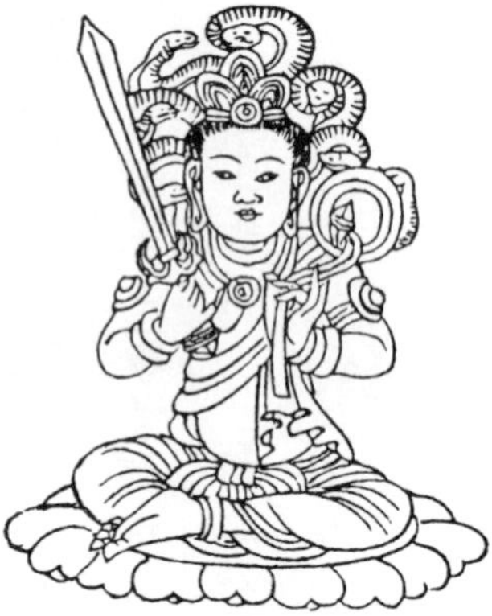

難陀龍王

種子字：（na）

難陀龍王（梵名Nanda），又稱難途龍王、難頭龍王。意譯爲喜龍王、歡喜龍王。以其善能順應人心，調御風雨，深得世人歡喜，故有喜龍王等名稱。是八大龍王之一，爲護法龍神之上首。

依據《增一阿含經》卷二十八及《大寶積經》卷十四所載，此一龍有七龍頭，性頗兇惡，後爲佛陀弟子目犍連所降伏。

跋難陀龍王

種子字：（u）

烏波難陀龍王（梵名Upananda），爲難陀龍王之弟，與難陀龍王同爲佛教大護法龍王。

◎難陀、跋難陀二龍王印

雙手十指各自伸展，兩拇指相交。右拇指壓於左拇指上即為難陀龍王印，左拇指置於大拇指上即為拔難陀龍王印，此印又名為九頭龍印、一切龍印等。

【真言】

南麼① 三曼多勃馱喃② 難徒鉢難捺瑜③ 娑訶④

namaḥ① samanta-buddhānāṃ② nandopanandaya③ svāhā④

羅刹

羅刹

種子字：𑖨（ra）

羅刹（梵名 rāksasa）指食人肉之惡鬼。又作羅刹娑、羅叉娑、羅乞察娑、阿落刹娑。意譯作可畏、護者、速疾鬼。女性之羅刹稱爲羅刹斯（rakṣasi），又作羅叉私。《慧琳音義》卷二十五中記載：「羅刹，此云惡鬼也。食人血肉，或飛空、或地行，捷疾可畏。」同書卷七又說：「羅刹娑，梵語也，古云羅刹，訛也（中略）乃暴惡鬼名也。男即極醜，女即甚姝美，並皆食啖於人。」

此外，另有一說指羅剎乃地獄中的獄卒，職司懲罰罪人。然而於佛典中，羅剎誓願守護佛法及正法行人，往往成爲佛教的守護神，而常常參與法會，隨佛聞法歡喜喜行。

◎羅剎天手印

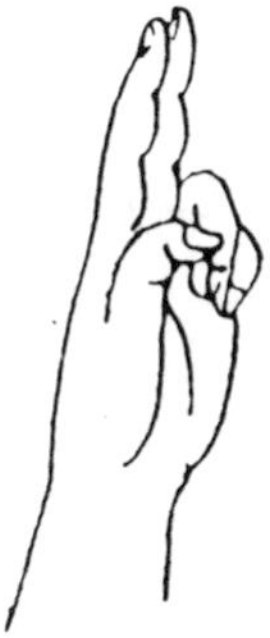

左手作劍印、亦即刀印。

【真言】

南莫① 三曼多沒馱喃② 乃哩底曳③ 娑嚩訶④

namaḥ① samanta-buddhānāṃ② nirṛtye③ svāhā④

迦樓羅

迦樓羅

種子字：𑖐（ga）

迦樓羅（梵名 Garuḍa），漢譯有迦留羅、伽樓羅、迦婁羅、金翅鳥、妙翅鳥、食吐悲苦聲等名。

迦樓羅是印度神話中一種性格猛烈的大鳥，傳爲毗濕奴天的乘騎。或說其出生時，身光赫奕，諸天誤認爲火天而禮拜之。在佛教裏，則是天龍八部眾之一。

依佛典所載，迦樓羅的翅膀是由眾寶交織而成，所以又稱爲金翅鳥或妙翅鳥。這種鳥的軀體極大，兩翅一張開，有數千餘里，甚至於數百萬里之大。《經律異相》卷四十八中說，此鳥所扇之風，若入人眼，其人則失明。《菩薩從兜術天降神母胎說廣普經》卷七有載，金翅鳥王身長八千由旬、左右翅各長四千由旬。以龍爲食。

⊙金翅鳥（迦樓羅）印

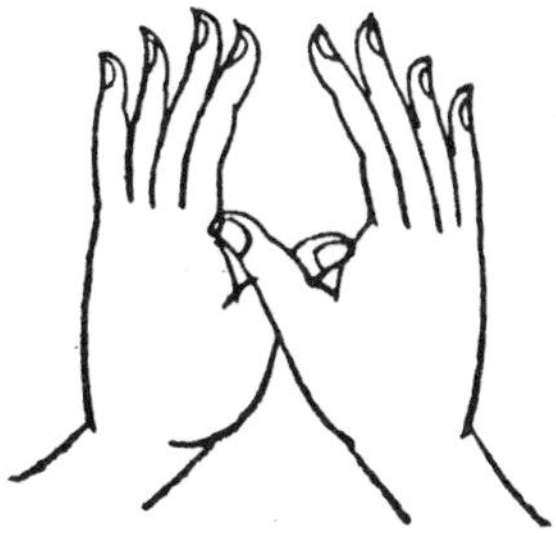

又名金翅鳥王印。兩拇指交繞，雙手開展如翅之勢。結金翅鳥之形，動三次，如飛狀。

【真言】

唵① 枳悉波② 娑縛賀③

oṁ① kṣipa② svāhā③

第3篇

東密基礎修法手印——十八道契印

十八道契印是指東密修持四加行的基本手印，同時它也是通用於各種修法的十八種手印。由於這是修東密四加行中的十八道法時所用的手印，因此又稱爲十八道契印，或單稱十八道、十八契印。

據說其中進行的方式，是依據印度人招待最尊敬的賓客所用的規矩演化而來的。通常依序分爲下列六類：

六法	十八道（十八契印）
❶護身法	①淨三業
	②佛部三昧耶
	③蓮華部三昧耶
	④金剛部三昧耶
	⑤被甲護身
❷結界法	⑥金剛橛
	⑦金剛墻

- ❸**道場法**
  - ⑧道場觀
  - ⑨大虛空藏
- ❹**勸請法**
  - ⑩寶車輅
  - ⑪請車輅
  - ⑫召請
- ❺**結護法**
  - ⑬馬頭明王
  - ⑭金剛網
  - ⑮金剛炎
- ❻**供養法**
  - ⑯閼伽
  - ⑰蓮華座
  - ⑱五供養

❶**護身法：**又稱作行者莊嚴法，爲除穢淨身之法。首先結淨三業印，清淨三業。次結佛部三昧耶印、蓮華部三昧耶印、金剛部三昧耶印，以得佛、蓮華、金剛三部之加被，清淨身、口、意三業。再結被甲護身印，被如來之甲冑以莊嚴行者之身。

❷結界法：即先結地結印，堅固所住地。次結金剛墻印，四方設柵以防他人侵入。

❸道場法：謂於所結界處，建立道場並莊嚴之。有二印，即：道場觀、大虛空藏印。

❹勸請法：謂迎請本尊入道場。即結寶車輅印，送七寶莊嚴的車輅迎請本尊。次結請車輅印，請本尊乘車至道場。再結迎請本尊印，迎請本尊至壇上。

❺結護法：即本尊既臨道場，故結部主印以驅除常隨魔。次結虛空網印，以堅固之金剛網覆道場上空。再結火院印，令金剛墻外有火焰繞之，使外魔不得入侵。

❻供養法：即結閼伽印，以水供本尊。次結華座印，爲聖眾設蓮華座。再結普供養印，作種種供養，使本尊隨意受用之。

這六種修法所包含的十八道契印，其印相及真言如下所列：

(1)淨三業 蓮華合掌

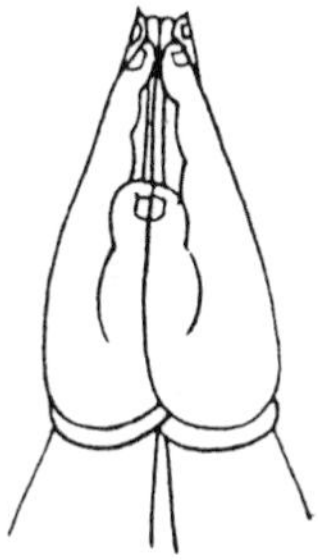

淨三業印，即蓮華合掌，此手印：十指並齊指端相合，兩手手掌相離，隆起結合。唸三次真言時，稍許開啟二中指尖。

在各五處加持（額、右肩、左肩、心、喉）處，各唸一次真言，觀想身口意三業清淨無垢。

【真言】

唵① 娑嚩婆嚩秫馱② 薩嚩達磨③ 娑嚩婆嚩秫④ 度憾⑤

oṃ① svabhāva-śuddhāḥ② sarva-dharmāḥ③ svabhāva-śuddho④ ’ham⑤

(2)佛部三昧耶

佛部三昧耶印

佛部三昧耶印即雙手作虛心合掌（十指並齊，掌中稍虛），打開合掌，微曲二食指靠在二中指之上節，分開二大指，各在二食指的下節捻文（用大指腹壓食指內側）。

結佛部三昧耶印，口誦真言，觀想佛部諸尊加持行者，速得身業清淨，罪障清除，福慧增長。

【真言】

唵① 怛他蘖都納婆嚩也② 娑嚩訶③

oṃ① tathāgatodbhavāya② svāhā③

(3)蓮華部三昧耶 蓮華部三昧耶印

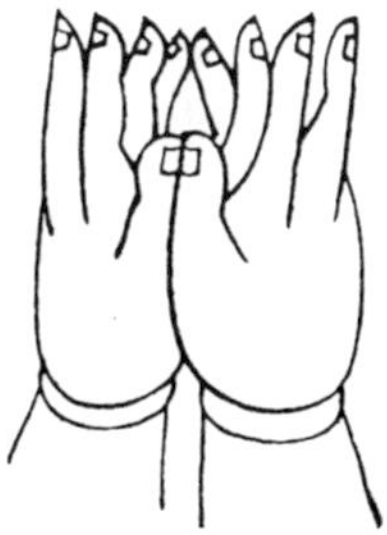

蓮華部三昧耶印，即結八葉印。雙手虛心合掌，將二大拇指、二小指的指頭相接，中間六指稍許彎曲（如綻放蓮華的花形）。

手結蓮華部三昧耶印，口誦真言，觀想觀自在菩薩及蓮華部諸尊加持行者，得語業清淨，辯才無礙。

【真言】

唵① 跛娜謨納婆嚩也② 娑嚩訶③

oṃ① padmodbhavāya② svāhā③

(4)金剛部三昧耶 金剛部三昧耶印

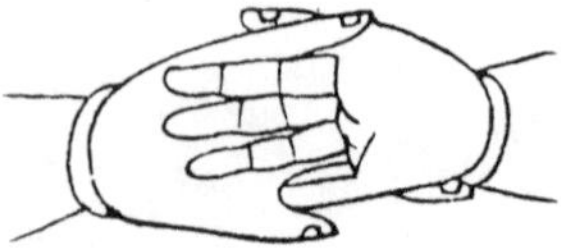

雙手左覆右仰，手背相合。以右大指與左小指相交（交叉），以左大指與右小指相交，中間的六指分開貼在手背上（如三鈷杵之形）。

口誦真言，觀想金剛藏菩薩及金剛部諸尊加持行者，得意業清淨，證菩提心，速得解脫。

【真言】

唵① 嚩日盧納婆嚩也② 娑嚩訶③

oṃ① vajrodbhavāya② svāhā③

(5)被甲護身 被甲護身印

被甲護身印又稱為被甲印、護身三昧耶印，即以二小指、二無名指之右壓左，在內（掌中）相交（結印之初內縛，豎起二中指），二中指豎起，指尖相接；將二食指立在二中指後，做成鉤形（不與中指背相接），二大指並排，壓二無名指邊側。

口誦真言，觀想身被如來大慈大悲之甲冑，一切天魔皆起慈心，不能障礙。

【真言】

唵① 嚩日羅銀儞鉢囉捻跛跢也② 娑嚩訶③

oṃ① vajrāgni-pradīptāya② svāhā③

(6)金剛橛 金剛橛印

金剛橛印又稱為地結印，乃以右中指放入左食指與中指之間，以右無名指放入左無名指與小指之間（頭部皆出）。次以左中指自右中指背放入右食指與中指之間，以左無名指自右無名指背放入右無名指與小指之間，二小指與二食指的指頭均互相支撐；二大指向下，指尖相接。唸真言一遍，同時以向下壓大地的要領下降（三次）。

口誦真言，觀想下至水際金剛不壞界，大力諸魔不能動，施少功力即成就大果，由加持力故，地中所有穢物皆清淨。

【真言】

唵① 枳里② 枳里③ 嚩日囉嚩日哩④ 步囉⑤ 滿馱⑥ 滿馱⑦ 吽⑧ 發吒⑨

oṃ① kīli② kīli③ vajra-vajri④ bhūr⑤ bandha⑥ bandha⑦ hūṃ⑧ phaṭ⑨

(7)金剛墻 金剛墻印

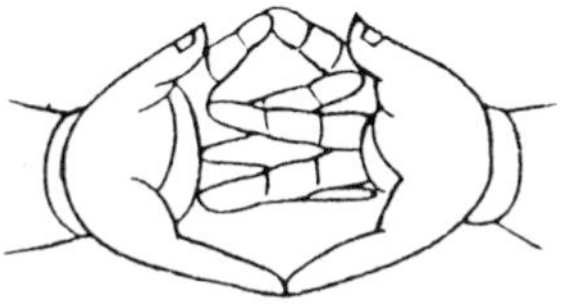

金剛墻印，又稱為四方結印。先結地結印（前印）的狀態，雙手掌分開，豎立二大指（做成墻形），依序旋轉三次。

口誦真言，觀想由手印流出熾焰，與前之地結相應，道場變成金剛堅固城，諸魔、惡人、虎狼、毒蟲等皆不能接近。

【真言】

唵① 薩羅薩羅② 嚩日羅鉢羅迦羅③ 吽④ 發吒⑤

oṃ① sāra-sāra② vajra-prākāra③ hūṃ④ phaṭ⑤

(8)道場觀　如來拳

如來拳印是左手作蓮華拳，即握食指以下的四指，以大指壓食指中節。右手作金剛拳，以中指、無名指、小指握大指，以食指壓大指甲。豎起左手蓮華拳的大指，以右拳小指淺握左拳大指。

口誦真言，觀想心前「阿」字變爲七寶宮殿，壇中央「紇利」字變爲八葉蓮華，率都婆（塔）變爲大日如來。

【真言】

唵①　部②　亢③

oṃ①　bhūḥ②　khaṃ③

⑼大虛空藏 大虛空藏印

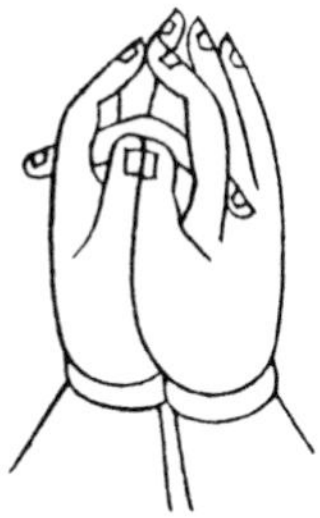

雙手虛心合掌，外縛二中指，彎曲二頭指成寶形，並排二大指。

口誦真言，觀想由手印出現諸供養資具等。

【真言】

唵① 誐誐曩三婆嚩嚩日囉② 斛③

oṃ① gagana-sambhava-vajra② hoḥ③

⑽寶車輅 寶車輅印

寶車輅印，又稱作送車輅印，即雙手內縛仰起，二食指伸直，指尖相接。掌中六指稍許擴開做成華座，以二大指壓二食指的下紋，唸誦真言，外縛二大指。

【真言】

唵① 覩嚕覩嚕② 吽③

oṃ① turu turu② hūṃ③

(11)請車輅

請車輅印

結寶車輅印（前印），誦真言以二大指壓二中指指尖三次（召請的動作）。

【真言】

曩莫悉底哩耶地尾迦南① 怛他蘖路南② 唵③ 嚩日朗儗孃迦囉灑耶④ 娑嚩賀⑤

namas① try-adhvikānāṃ② tathāgatānāṃ③ oṃ④ vajrāguy⑤ ākarṣaya④ svāhā⑤

(12)召請蓮華部召請印

雙手內縛，豎立右大指做三度來去（豎立三次）。

口誦真言，觀想本尊不捨悲願，來此三摩地所成之淨土。

【真言】

唵① 阿嚧力迦② 曀醯呬③ 娑嚩賀④

oṃ① alolik② ehyehi③ svāhā④

⒀馬頭明王 馬頭明王印

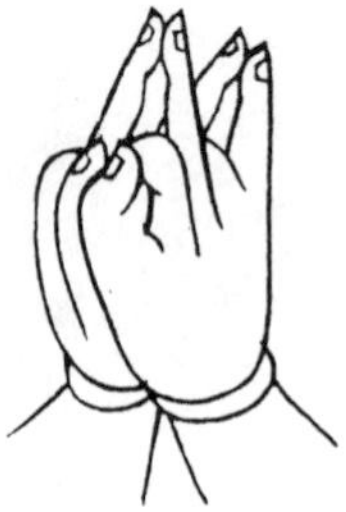

馬頭明王印，又稱部主結界印、辟除結界印。雙手虛心合掌，彎曲二食指、二無名指的第二節，二小指並立。並立二大指，從二食指離開，做如馬口形。

口誦真言，觀想辟除一切諸魔，成堅固火界。

【真言】

唵① 阿蜜里都納皤嚩② 吽③ 發吒④ 娑嚩訶⑤

oṃ① amṛtodbhava② hūṁ③ phaṭ④ svāhā⑤

⒁金剛網

金剛網印

金剛網印，又稱虛空網印。準地結印，以二大指捻二頭指之下的紋，向右三轉。

口誦真言，觀想由此加持力，他化自在諸天亦不能障難，行者身心安樂，成就三摩地。

【真言】

唵① 尾娑普羅捺② 落乞叉③ 嚩日羅半惹羅④ 吽⑤ 發吒⑥

oṃ① visphurād② rakṣa③ vajra-pañjara④ hūṃ⑤ phaṭ⑥

⒂金剛炎 金剛炎印

金剛炎印，又稱金剛火院印，或火院印。即以左掌靠右手背上，二大指的面相對，直立成三角形，其他八指散開。

【真言】

唵① 阿三莽擬儞② 吽③ 發吒④

oṃ① asamāgne② hūṃ③ phaṭ④

⒃閼伽印

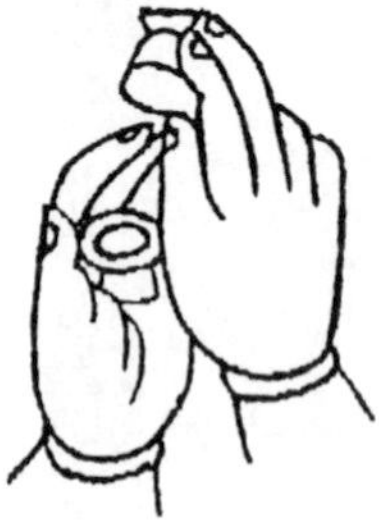

以二手捧閼伽器，口誦真言。觀想獻此閼伽水，行者三業得清淨。

【真言】

南麼① 三曼多勃馱喃② 伽伽娜三摩三摩③ 莎訶④

namaḥ① samanta-buddhānāṃ② gagana-samāsama③ svāhā④

(17)蓮華座 八葉蓮華印

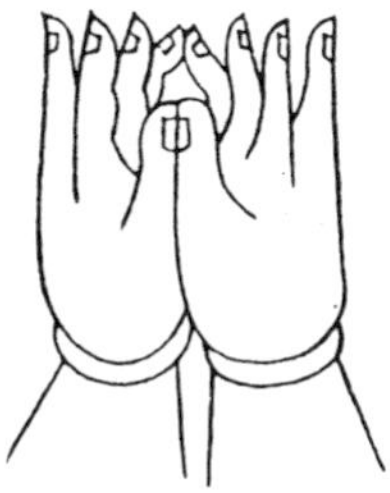

此印雖與蓮華部三昧耶印相同，但稍微彎曲指尖。

口誦真言，觀想由此印流出無量金剛蓮華，一切聖眾坐蓮華上。

【真言】

唵① 迦麼攞② 娑嚩賀③

oṃ① kamala② svāhā③

(18) 普供養　普供養印

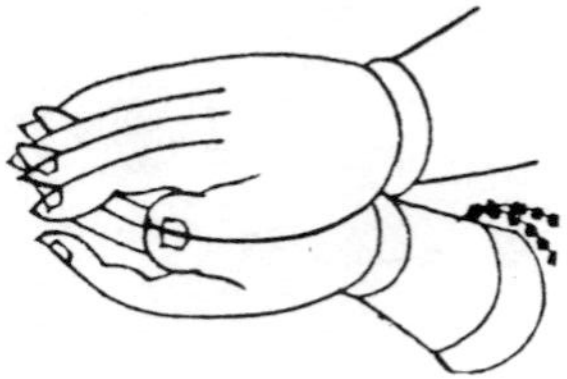

金剛合掌，二食指指尖相觸如寶形，二拇指並立。

口誦真言，觀想無量無邊的塗香、華鬘、燒香、飲食、燈明等皆清淨，廣多普供養。

【真言】

唵① 阿謨迦② 布惹③ 摩尼④ 跛納摩⑤ 縛日隸⑥ 怛他蘖多⑦ 尾路枳帝⑧ 三滿多⑨ 鉢羅薩羅⑩ 吽⑪

oṁ① amogha② pūja③ maṇi④ padma⑤ vajre⑥ tathagata⑦ vilokite⑧ samanta⑨ prasara⑩ hūṁ⑪

附錄

藏密獻八供手印

附錄：藏密獻八供之手印

在藏傳佛教的修法中，最常使用到獻八供的手印。透過八供的手印，出現無量珍奇的供養，來獻供給所有十方諸佛菩薩及本尊。

供養一般是指以飲食、臥具、湯藥，或是花、香、瓔珞、塗香、伎樂等莊嚴物品，供養佛菩薩及聖眾，而在普賢十大行願中，亦有「廣修供養」一項。在密宗亦是七支行願中的一支。

我們以眼、耳、鼻、舌、身、意所愉悅之物來供養諸佛菩薩，雖然諸佛聖眾並不需要這些供養，但是，爲了增長眾生的福德，故接受供養。

供養除了上供諸佛外，並且也下施六道眾生。

在東密中，淨水、塗香、花、燒香、飲食、燈明爲最常見之六種供品，而在藏密中，而以水（聖眾洗足水）、飲水（閼伽水），花、香、燈、塗香、果、樂等八供來獻供。

八供表義：1.事——結手印。

2.理─八功德水。

3.智─八風不動。

亦解釋作：二水─功德文。花─布施。香─持戒。燈─忍辱。塗香─勤─精進。食─禪定。樂─慧─般若。

此八供在了義上，分別代表以下的意義：

水：自性三昧水，遠離一切雜染清淨。

食水：八功德水，具足一切功德。

花：自心所流露的真華，心華開發，心光徧顯。

香：自性真香，時時以三昧火燃正法之香。

燈：正覺心燈，以智慧火燃體性燈，念念返聞，心燈常明照。

塗香：本淨之香，由裏溢表，芬芳浸於法界。

果：表無上佛果，發廣大菩提心自覺覺他，成證圓滿佛果。

樂：以上妙音樂供養聖眾，發願成就佛陀的清淨微妙離垢妙音，爲眾生演說妙法，樂說無盡。

⊙藏密獻八供法之手印

1.獻八供

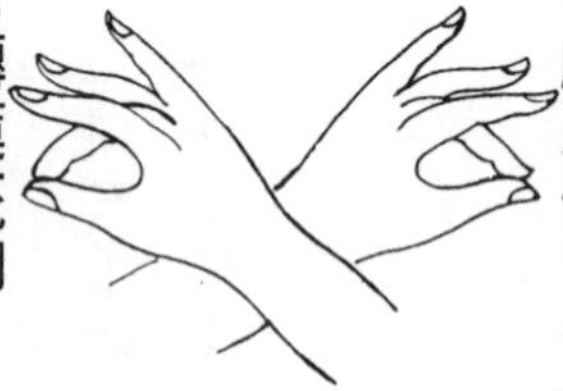

2.轉蓮花印

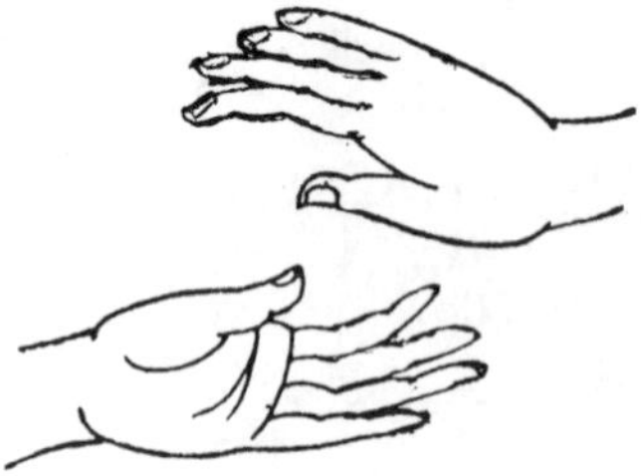

在獻八供之時，首先雙手交加結彈指印

於念嗡字時第一種可觀自心中有一蓮花，蓮花之上有日月輪，日月之上有唅字，發出八道白光，每一道白光之頂端，皆有天女手持八供，進而觀想無量天女，手持無量無邊之八供。

第二種方法，當念嗡字時可將身觀成光明，將自身心中之字，剎那上下前後左右，從十方發出無量無邊之白色光，每一道白光之頂端亦都有一位天女，而每一天女手中皆持八供，供養上師、歷代祖師、三寶、金剛、諸護法等。（有時在此接著念本尊名）。

念誦：嗡　班雜

3.獻淨水

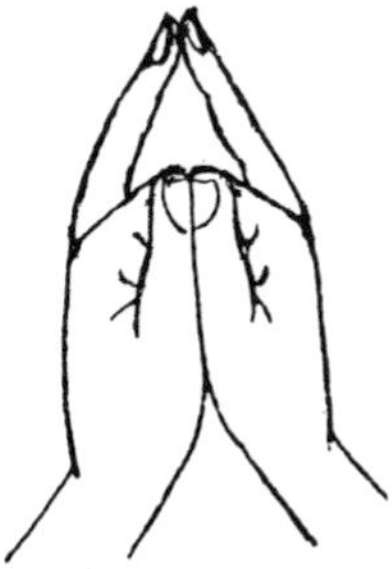

握兩拳頭相緊靠，豎兩中指使成三角形。

念誦：阿爾甘

4.供水

握兩拳相緊靠。

念誦：巴湛

5.供花

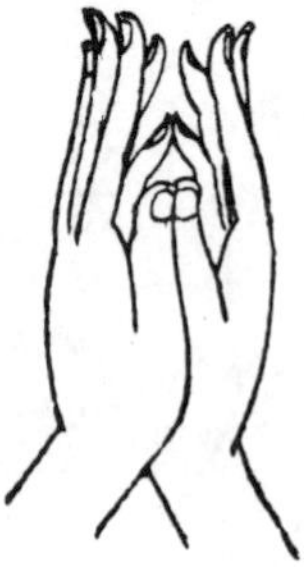

左右手各展五指相向，而大拇指與小指相抵，形如蓮開八葉狀。

念誦：布別 

6.供熏香

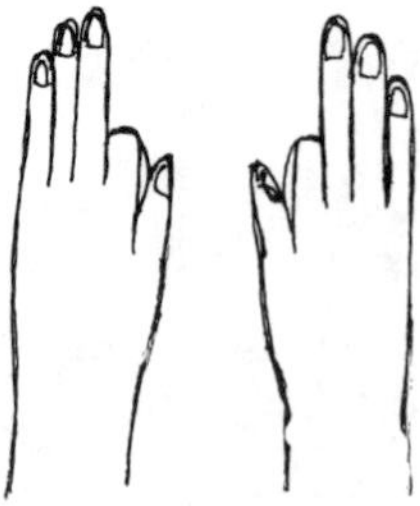

兩手各將食指按抵大拇指成圈形，展餘各三指略開直伸。

念誦：嘟比 

7.供燈

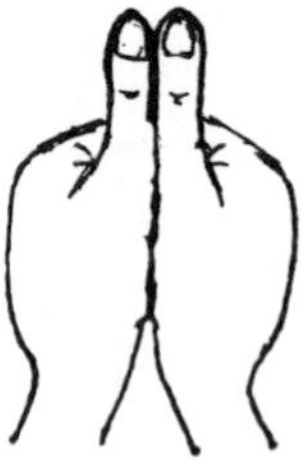

兩手握拳，互相緊靠，豎大拇指直伸。

念誦：阿洛給 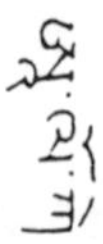

8. 供塗香

兩手合掌平行向前，而食指抵大拇指成圈形，作塗抹狀。

念誦：根嗲 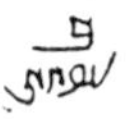

9. 供果

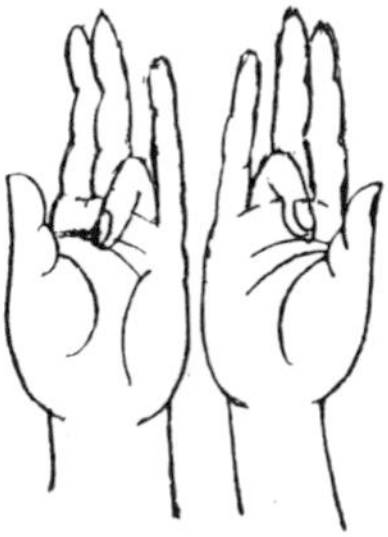

兩手掌向上平伸，屈無名指向上。

念誦：內威爹 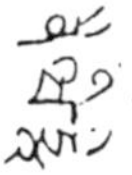

10. 供樂

兩手大拇指各按壓無名指及小指，將食指與中指併行伸直成劍訣，並作敲打狀。

念誦：夏打 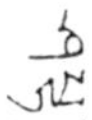

11. 獻供印

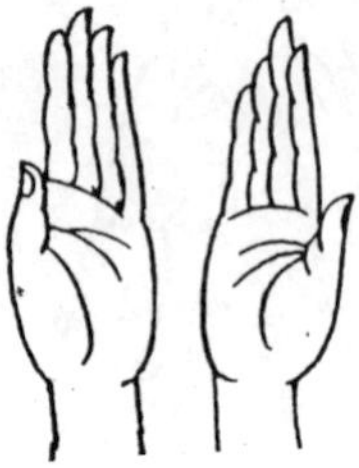

「不囉的叉亞」；義為全部獻供，請接納或請用之義。梭哈；是把剛才所放出去的光全部收回來。

全佛文化白話佛經系列

白話華嚴經　全套八冊

國際禪學大師　洪啟嵩語譯　定價NT$5440

八十華嚴史上首部完整現代語譯！

導讀 ＋ 白話語譯 ＋ 註譯 ＋ 原經文

《華嚴經》為大乘佛教經典五大部之一，為毘盧遮那如來於菩提道場始成正覺時，所宣說之廣大圓滿、無盡無礙的內證法門，十方廣大無邊，三世流通不盡，現前了知華嚴正見，即墮入佛數，初發心即成正覺，恭敬奉持、讀誦、供養，功德廣大不可思議！本書是描寫富麗莊嚴的成佛境界，是諸佛最圓滿的展現，也是每一個生命的覺性奮鬥史。內含白話、注釋及原經文，兼具文言之韻味與通暢清晰之白話，引領您深入諸佛智慧大海！

佛教小百科17

《佛教的手印》

主　　編　洪啟嵩
執行編輯　彭婉甄、劉詠沛、吳霈媜
出　　版　全佛文化事業有限公司
訂購專線：(02)2913-2199
傳真專線：(02)2913-3693
發行專線：(02)2219-0898
匯款帳號：3199717004240 合作金庫銀行大坪林分行
戶　　名：全佛文化事業有限公司
E-mail:buddhall@ms7.hinet.net
http://www.buddhall.com
門　　市　覺性會館・心茶堂／新北市新店區民權路108之3號10樓
門市專線：(02)2219-8189
行銷代理　紅螞蟻圖書有限公司
台北市內湖區舊宗路二段121巷19號（紅螞蟻資訊大樓）
電話：(02)2795-3656
傳真：(02)2795-4100
初　　版　二〇〇〇年七月
初版十六刷　二〇二〇年十二月
定　　價　新台幣二九〇元
ISBN 978-957-8254-84-8（平裝）

國家圖書館出版品預行編目資料

佛教的手印／洪啟嵩 主編
-- 初版.--臺北市：全佛文化, 2000[民89]
面；　公分. -(佛教小百科；17)

ISBN 978-957-8254-84-8(平裝)

1. 密宗　2.佛像
226.91　　　89009648

Published by BuddhAll Cultural Enterprise Co.,Ltd.

BuddhAll

BuddhAll.